妈妈才是孩子的起跑线

A Different Kind of Parenting

[加拿大] 黛西 ——— 著

天地出版社 | TIANDI PRESS

图书在版编目（CIP）数据

妈妈才是孩子的起跑线 /（加拿大）黛西著. —成都：天地
出版社，2018.8
ISBN 978-7-5455-3848-9

Ⅰ.①妈… Ⅱ.①黛… Ⅲ.①儿童教育—家庭教育
Ⅳ.①G782

中国版本图书馆CIP数据核字（2018）第091813号

妈妈才是孩子的起跑线
MAMA CAI SHI HAIZI DE QIPAOXIAN

出 品 人	杨　政
著　　者	[加拿大] 黛西
责任编辑	陈素然
封面设计	今亮后声HOPESOUND pankouyugu@163.com
电脑制作	今亮后声HOPESOUND pankouyugu@163.com
责任印制	葛红梅

出版发行	天地出版社
	（成都市槐树街2号　邮政编码：610014）
网　　址	http://www.tiandiph.com
	http://www.天地出版社.com
电子邮箱	tiandicbs@vip.163.com
经　　销	新华文轩出版传媒股份有限公司

印　　刷	天津文林印务有限公司
版　　次	2018年8月第1版
印　　次	2018年8月第1次印刷
成品尺寸	145mm×210mm　1/32
印　　张	9
字　　数	194千字
定　　价	39.80元
书　　号	ISBN 978-7-5455-3848-9

咨询电话：（028）87734639（总编室）
购书热线：（010）67693207（市场部）

本版图书凡印刷、装订错误，可及时向我社发行部调换

黛西是我认识的一个非常独特的华裔博士妈妈，读她的书总能给我不一样的教养视角。做父母是一场修行，孩子的独立，取决于父母的格局。在养育孩子的过程中，黛西深刻地洞察到了中国传统父母身上普遍存在的奇怪逻辑，对儿童时间管理、想象力、创造力、动手能力以及独立自主的能力，她都有一些令人大开脑洞的见解和教养智慧，令人拍案叫绝，心有灵犀。

王凯　◇　凯叔讲故事

◇ **想让孩子独立**

——请停止介入孩子的生活，停止评判与比较（第一章 第 1 节）

看完这篇文章，我突然想起了一个初中女同学。她是那么不起眼儿。现在回忆起来，读书时的整整三年里，我都不曾和她单独说过一句话。

之所以现在还能记起她是因为每一次说话时，她的语言前缀总是："我妈妈说……"注意，"妈妈"的第二个字不是阴平（第一声），而是阳平（第二声）。一个初中生，称呼起自己的妈妈居然还在用幼儿园的语气，并且每次发言一定要加上这个前缀，像是不提"我妈妈"就说不出话来。

这让我们这些愣头青在每一次她张口发言时，都会哄笑一阵。时间长了，她也就不在人前发言了。

三年来，她的头总是半垂着，眼神偷偷往上瞟，这是她让我记住的唯一的表情。

我对她并不了解，估计整个班里未必有人会了解她。不知她的妈妈会不会很强势，会不会总是指责她，会不会不给她犯错误的机会，会不会插手太多本该由她自己完成的事……

但我今天却毫不犹豫地想起了她。

◇ 这么做，比说"不许哭"更好
——让孩子学会感受情绪，了解和管理情绪（第一章 第2节）

每种情绪都需要得到宣泄，孩子的情绪也一样。

让孩子"不许哭"，我们是清净踏实了，可孩子的情绪被压在心里，就像一颗埋藏着的种子，总有一天它会生长出来，通过孩子的言行宣泄出来，那时候会有什么后果，我们不敢预料……既然这样，何不多点耐心，和孩子一起处理好"哭"这件事呢？给孩子宣泄情绪的机会，让孩子学习到什么是情绪管理，顺应孩子的成长学习规律，不是件很暖心的事吗？

◇ "妈妈，我害怕"
——面对孩子的恐惧，可用行为接触改善法（第一章 第6节）

周末带着两个孩子去游泳。2岁的米妹看到姐姐一猛子跳到水里，很是羡慕。但是又无法克服自己对水池的恐惧，站在很远的地方跳着脚张望。米妈给她换泳衣也不同意。但米妈没有鼓励她，而是陪在她身边跟她一块儿看着。过了一会儿，她说："妈妈，我要换衣服。"

换好泳衣之后，米妹依然站在水边，米妈也还是陪她看着。

过了很久，当米妈一屁股坐在水池边，回头问她："你站在那儿累不累，要不要坐下？"

米妹一笑，坐在妈妈身边。小屁股算是沾到了池水。又过了一会儿，自然而然地，两只小脚丫泡在了水里。

再后来，妈妈开始带着她往姐姐身上撩水，然后，姐姐往她身上撩水……

终于她说："妈妈，我想下去！"

孩子心中的恐惧，要自己积攒力量慢慢化解。只有这样，恐惧才真的消失。

看有的文章，方法或许都对，但不要用这样的方法强迫训练孩子。心里知道了方法，还要一点点引导，别着急。

相信孩子，他一定会从自己心里说出那句话："没什么大不了！"

◇ 　我焦虑，因为我想成为好妈妈

　　——照顾好自己并学会寻求帮助（第四章　第1节）

　　哪里有什么完美的妈妈？

　　一个不可能达到的目标，反而会让自己更焦虑。

　　期待自己完美，就是不允许自己犯错误。可你又怎么知道什么是绝对正确？

　　接纳了自己的不完美，也就接纳了孩子的不完美。

　　承认自己一定会犯错误，反而会降低错误发生的概率，或是缓解错误带来的痛苦。

　　更得让孩子知道——你的妈妈不完美。妈妈也有控制不了情绪的时候，妈妈也有软弱的时候，妈妈也有需要被你鼓励的时候……

　　于是，当我们狂躁的时候，孩子会在心里一阵轻笑："瞧，她又来了吧？一会儿准得跟我道歉。"

◇ 　"虎妈""猫爸"已经过时，现在流行"海豚妈"

　　——新型育儿法（第四章　第6节）

　　中庸之道，按说是中华文化的精髓。可近些年却被很多国人认为是"骑墙派"的价值观，是不负责任、无原则的方法论。但实际上，真正的中庸之道，是把"合适"做到极致。

这对行为处事的方向和力度都有了更高的要求。

那么，与孩子相处，有没有中庸之道呢？

最近看了一些"海豚育儿法"的资料，拿出来和大家分享。

下面是我在网上找到的几道测试题，先来看看，你是什么类型的爸爸妈妈？

问题1：今天是个法定假日，孩子们都不用上学。他们兴奋得要命，可你却感到特别疲乏无力。此时你会（　　）

A.命令孩子待在他们自己的房间里玩，不许吵闹，不许打扰爸爸妈妈休息，然后把卧室门关紧。

B.让孩子愿意怎么玩就怎么玩，自己躺在沙发上歇着。

C.跟孩子解释自己觉得很不舒服，请求他们玩闹时注意一下，因为爸爸妈妈需要好好休息。

问题2：孩子把自己的房间弄得乱七八糟，满地狼藉，但是他却打算先跟朋友们去看电影。此时你会（　　）

A.你责令他立刻清理房间，否则看电影的计划取消。

B.你不打算多管，毕竟这是他自己的房间。

C.你帮忙稍微整理一下，但坚持要求他在看电影回来后立刻清理干净。

问题3：你在做巧克力蛋糕，孩子站在一旁。你告诉他绝对不可以偷吃巧克力，不然就不够做一个蛋糕了。可是，当你一转身，发现他巧克力吃得满脸都是。此时你会（　　）

A.你冲他大喊大叫，让他立刻回到自己的房间去，而且他被剥夺了吃巧克力蛋糕的权利。

B.你赶紧抓起手机，给他拍了张照片，他满脸巧克力的样子实在是太可爱了。

C.你用比较温和的语气责备他，但却在他没看到时自己偷乐一下。

问题4：你有好多衣服要清洗，之后还要打扫整理厨房。此时你会（　　）

A.在你忙活时，让孩子背诵乘法表，毕竟要想上好大学，时刻努力学习总不会错的。

B.你让孩子坐在电视前，看一整天动画片，这样至少他能保持安静。

C.你邀请他作为你的小助手，帮忙一起洗衣服和整理厨房。

结论：如果你大部分选择了"A"，那么你是"虎妈型"家长；如果你大部分选择了"B"，那么你是"猫爸型"家长；如果你大部分选择了"C"，恭喜你，你是"海豚型"家长。

◇　**哇哦！终于迎来了第一次说谎**
　　——通过谎言走进孩子的世界（第五章　第4节）

很多妈妈在后台问我，孩子这么小就老是说谎，怎么办？

你一辈子会说多少句谎言？英国的《每日邮报》做过一个调查，平均每个英国人每天会说谎 4 次。如果数据真实，显然英国人算是诚实的。因为另一家研究机构调查的结果是，平均每个人每天会说谎 25 次。

　　看到这里是不是松了一口气？一方面，自己没有自己想象的那么虚伪；另一方面，没必要为孩子那小小的谎言而感到焦虑。

　　自从有了语言后，说谎是人类逃避危险和获得额外利益的一种特殊能力。《人类简史》中一个重要观点是，人类语言中讲故事的能力大大推动了人类文明的进步（没错，凯叔讲故事就是这样为人类做着贡献，呵呵）。而讲故事的能力中想象力和无中生有的说谎的能力当然不可或缺。可以说，说谎是人类的本能。

　　想想我们自己，站在自己的立场上，哪一句谎言不是事出有因而不得不说？那为什么要把孩子的谎言套上不诚信的帽子？若是心中有足够的安全感，为什么要用谎言来掩盖自己的错误？若是心中有足够的充盈感，为什么要通过谎言来获取那颗糖果？

　　如果孩子每一次说谎都要用暴力的语言或惩罚措施去处理，你将迎来谎言之上的另一重谎言。这重重的谎言会变成越来越厚的保护壳，让你和孩子的心渐行渐远。

　　我并不是置谎言于不顾。因为当孩子足以分辨想象和谎言的区别时，每一个谎言都是我们走向孩子内心深处的桥梁。

只有找到谎言的原因，和孩子进行深度的沟通，我们才会获得不一样的收获。

这篇文章，就是让我们通过谎言走进孩子的内心世界。

专家／好评

　　这是一本可读性很强的原创作品！书中有场景，有解决方案，有故事，有理性，更有爱心；本书与众不同之处还在于，书中体现出作者基于亲身经历和观察而形成的国际和本土相结合的宽广视野，既生动又有趣地阐释了新时代的育儿理念。

继民　◇　知名财经专业人士　"Peter北美育儿记"公众号作者

　　母之蜜糖，儿之砒霜。以爱之名，束其手，锁其心，害之甚。本书从多个角度向家长解释了为什么陪伴孩子成长需要放手的教育理念，强调放手并不是什么都不在意，而是"管得更多"，而且要管对地方。除理论以外，本书还用大量生动的案例介绍了一系列实用有效的方法，教会父母，如何用放手的方式打开爱的束缚，还给孩子一片更加广阔的成长天空，还给父母一方过滤焦躁的心灵净土。

石羽飞　◇　美国新泽西州对外贸易厅厅长

目　录

下 篇 ▼ 妈妈的格局

为孩子引入制胜未来的现代教育观念、方法

第四章 ◇ 育儿是一场修行：养育观念大升级

第六章 ◇ **界限感：活出自己就是给孩子最好的教养**

第七章 ◇ **教育的本质：中西方教育差异，教育到底为了啥**

到北美，重塑教育认知

第一次带儿子到加拿大学习滑冰，就让我对育儿产生了新的思考。

轮到儿子上场了，我知道他没学过滑冰也完全不会，我非常害怕他摔倒。于是，我紧紧抓着他的手，认为只要我一松手他就会滑倒就会受伤。然而，我看见场上其他孩子滑得顺畅自如，就连滑倒，也都会开心地爬起来继续。儿子的老师让我放心地把孩子交给他，并且给儿子戴上了防护的头盔，拿给儿子一个供初学者使用的手扶支撑架子。就这样让他上场了。虽然刚开始儿子也有点害怕，但是在没有人帮助的情况下，竟也勇敢地摸索着往前滑了。我看见场上另外一个孩子也是个初学者，老师让他自己扶着墙摸索着向前滑，连初学者的辅助架子都没有给他，身边也没有任何老师帮他，没过一会儿，他竟然能放手地小滑一段路了。

要让儿子学会自由滑行，需要的就是家长的放手。

小时候，妈妈对我的教育方式比较特别。在别人抓紧一切时间拼学习的时候，我妈妈却让我自由选择自己的兴趣。于是，我利用课余时间参加了各种课外活动，小记者团、文学社社长、青年报主编……作为语文老师的妈妈说，这种方式叫作"无为而治"。"无为"是道家的思想，强调经过思考和判断，能够按照趋势做出顺势而为的行为。道家中的"无为"又包含了两种意涵：一种崇尚"天道"，即崇尚自然规律和自然法则；另一种崇尚"人道"，即提倡人应当适应自然界。以前我不能理解这些复杂的理论，也认为我妈妈对我的管理可能太松散了。长大后才觉得受益匪浅，18 岁以后就离开家乡开始独立生活，在独立的这段日子里，我能够很好地分配和管理自己的时间，取舍自己的兴趣，计划自己的未来。我妈妈的无为式的教育让我学会了做自己的主人。由此我惊觉：妈妈才是孩子的起跑线。

做教育也是一样。在加拿大的求学过程中，我遇到的学校和老师大都强调学生的主观能动性，所有的作业和研究都必须自己独立完成，因此我学会了自己查资料，自己写论文，以及自己独立寻求各方面的帮助。当我成为多伦多大学的一名讲师时，我也鼓励学生自主探索他们感兴趣的世界。在课堂上，我对学生并没有太多的要求，也没有讲太多条条框框的理论，而是教给学生一套研究方法，让学生自己去写报告。我用这套研究方法与学生一起探讨许多有趣的社会议题，我教会学生如何去图书馆查资料，如何写综合陈述，如何寻找热点知识。甚至我还花了很多时间与每一个学生进行一对一的咨询活动，回答学生在使用这些工具或写报告时产生的问题。许多学生在课后都主动对这些议题做起了研究，当他们结束了课程后，他们通过自己的研究和报告，都申请到了自己喜欢专业的研究生。很多学生在感谢信中写到，感谢我为他们提供了自由的空间和无私的帮助，让他们得以发现他们感兴趣的话题，并且有机会有能力去自主探索这些全新的未知领域。

我想，也许这就是高等教育和育儿的共通性吧。

我教给学生的研究方法，就像是儿子在学习滑冰时用的手扶支撑架子一样，是一种工具，能够帮助他们去自主探索未知的领域；当学生在探索的过程中遇到问题的时候，我会耐心地回答他们的问题，就像是儿子不小心摔倒，教练告诉他摔倒的原因并鼓励他重新爬起来继续前进一样；我没有给学生太多的要求，就像是我对儿子的放手一样，让他们能够自由地滑行。

在育儿的过程中，我不但了解了我的孩子，也更加了解了我自己。我越来越体会到放手的重要性，也越来越了解到何时放手，怎么放手，是父母多么重要的一种育儿知识。育儿是一场修行，是一场不断观察改进和学习的过程。在此过程中，我懂得了如何更好地让我和我的孩子拉近彼此的距离，让我们的家庭变得更和谐，让我们更好地适应生活。而这一切只因放手，一种接近于"无为"的方式，让家长经过观察和思考每一个孩子的天性而做出准确的判断，经过有条件的引导，让孩子选择一条最适合他们天性发展的道路。妈妈才是孩子的起跑线。

一路走来，我作为一个孩子，受益于"引导式放手"为我带来的独立自由、热爱思考的性格，同时作为一名母亲，我也希望我的孩子能够不受限于任何人为的改造，保持一颗纯真的童心，希望他能够健康、快乐、活泼地成长。

放手，是我爱你最好的方式。

在此我想特别感谢我的爸爸妈妈，从小对我的"放手式"教育。同时感谢我的先生和儿子在我学习的道路上带给我的快乐和无条件的支持。我感谢我的母校中国传媒大学、西蒙菲莎大学和多伦多大学带给我各种不同的思考和教育。我要感谢"凯叔讲故事"让我有机会向大家讲述我的育儿故事，感谢编辑们对我的厚爱和支持，以及感谢一直支持我的粉丝朋友们，让我们在育儿的道路上一起结伴同行。

黛西

于温哥华

2018.03

上 篇

孩子的独立

教养的每一天，
都要为孩子独立
那天做准备

第 一 章

◇

独立自主

从小培养孩子的自我管理能力

想让孩子独立
—— 请停止介入孩子的生活，停止评判与比较

॥

　　我儿子四个月大的时候，学会了自己拿奶瓶喝奶。朋友来我家看望孩子的时候都惊呼，你是怎么教孩子自己拿奶瓶的？我的总结只有一个字，懒！因为我自己懒得帮孩子拿奶瓶，孩子在那么小的时候就自己学会了握奶瓶喝奶。我有个朋友的女儿，七八岁的时候就非常独立成熟，会帮妈妈做各种家务，经常帮妈妈出谋划策讨论家庭杂事，独立能力超强。大家问她妈有什么秘诀，答案是两个字：不管。

　　相对地，我以前有个中学同学，她从小就沉默寡言，做事情非常小心翼翼，但是却总是做不好。每一次在全班同学面前，她总是很不自信，说话很小声；和朋友聚在一起时，她常常坐在角落，很容易被"忽略"。

　　然而，在一次聚会中，我见到了她妈妈，瞬间明白了她总是畏畏缩缩的原因。因为她有一个强势的老妈！她妈妈属于做事雷

厉风行型的。在我们同学聚会上，对每个人照顾有加，简直就成了我们同学聚会中的主角。

然而我发现，这样的妈妈并不是个案，而是大多数。

我周遭很多孩子的家长都属于事业成功的人士，在家里、在单位、在朋友圈都是呼风唤雨的人士。当然回到家，也是必须掌管孩子的一切。

前段时间看新闻，说新加坡的学者追踪了 300 位 7 岁孩子和他们的家庭后发现，家长对孩子的控制欲过高，孩子更容易出现焦虑、忧郁、不自信、自我批判等表现。

东西方的家庭教育，有很大的不同：西方的父母注重放手不管，早早地让孩子学会独立，而东方的父母则比较权威，喜欢介入孩子的生活。

一、放手，是妈妈的秘密武器

举个最简单的例子，以前我儿子在幼儿园脱了鞋子玩耍，回家时，我会帮他穿好鞋子，整理好书包再回家。然而，在加拿大，老师强调让孩子自己做自己的事，学会独立自主，于是我学会了让儿子自己穿鞋子、穿袜子、穿衣服（注意，是"我学会了"，尴尬）。结果我发现，放任不管之后，儿子生活自理的能力大大提高，包括上厕所的全套程序，自己倒水吃点心，自己换衣服、裤子、鞋子、袜子，从幼儿园回家时，还会自己拿书包，整理里面的衣物，有时还提醒我不要忘记拿他的便当盒：所有的一切，只因放手。

仔细一想，亚洲的父母对于孩子的掌控，几乎都来自现实的压力以及父母对孩子未来的担忧。记得有位妈妈说过，放眼望去，电视里到处是失业率增加、物价上涨、房价飙高的新闻，我们怎能不担心孩子的未来。由于期盼孩子成才，因此家长不惜一切代价要把孩子的生活打造成他们心目中满意的模样。

为孩子安排好一切，是所有父母的愿望。许多父母，从挑选孩子的业余兴趣，到选择小学、中学、大学甚至工作，全都一手包办，甚至觉得累也值得。除了学业，生活的方方面面也要兼顾，包括吃什么，买什么，看什么，全都要过问。小的时候也就算了，长大了也要介入，包括孩子上了大学后交女朋友，交了几个，什么情况都要了解一番。甚至于结婚生子以后，很多强势的父母也常常干涉子女的家庭生活与育儿方式，导致很多小家庭破裂的悲剧发生。

父母对于子女的干涉，可能会造成很多严重的后果。我们都了解，这是父母对于子女的爱的表现。但是，我们有没有想过，当爱过度，就成了一种负担，子女也可能体会到了生命不可承受之轻。

二、看见孩子的成绩，不要指责

很多家长只看重孩子的考试成绩，并且一定要达到满分才满意。没达到理想的成绩，孩子就等着挨骂。

虎妈式的教育，会让孩子自卑。

小虎是一个学习成绩优异的孩子，家长和老师对他充满了期待，一致认为他上北大清华是没有问题的。但是在考大学之前，他却退缩了。他害怕失败，害怕考不上理想的大学，害怕对不起爸爸妈妈和老师。太多的害怕阻挡在他的面前，让他无法冲破内心的那道关卡，而勇敢地走上高考之路。

像小虎这样的成绩非常优秀的孩子，他们有时候很自卑，而且非常害怕失败。究其原因，是家长经常指责孩子的考试成绩造成的，一旦有一两次失误，就会遭到家长的批评。这样的指责，会造成孩子的不自信，对于孩子来说，大部分的压力是来自家长的期盼。

该如何正确地看待孩子不太理想的考试成绩？作为家长，最重要的是看得开，懂得放手。成绩起起伏伏是正常的表现，家长不要过多谴责孩子，应该鼓励和表扬孩子做得好的方面，让孩子更有动力去提高自己的水平。

三、拒绝过度的关心

"早饭吃了吗？""吃了什么？""要注意营养！""不要再喝饮料了！"是很多家长喜欢挂在嘴边的话。

家长的控制欲，体现在对孩子的一言一行的过分关注。例如，经常不停地给孩子打电话，问东问西，过分关心孩子吃什么，甚至给孩子定了很多死规则，比如不能吃麦当劳，不能喝饮料等，都会对孩子造成极大的影响。这些虽然看似是小细节，甚至很多家长引以为豪的对孩子的照顾，可能会让孩子做事变得畏畏缩缩，考虑东考虑西，不敢自己做决定。

　　敏敏高中的时候，他的爸妈对他总是无微不至地照顾，每天对他有一百种担心。担心他吃不饱，穿不暖，出门被人欺负，被人带坏，被坏人带走……父母甚至给他立下死规矩，比如不能吃垃圾食品，不能在同学家过夜，晚上必须9点前回家等。总之，各种担心造成了父母无法放心地让孩子将来去独自生活，每天总有关心不完的话题。但当敏敏上了大学之后，他第一次去了另外一个城市，第一次脱离了父母的掌控时，他忽然发现，自己和其他孩子比起来，做事特别容易焦虑，害怕做决定，同时又不愿意回到父母过去为他安排好的地方。一系列的矛盾，让他觉得自己的这些自卑和焦虑的心理都是父母对他管控太多造成的，而远在外地的父母却根本不知道自己做错了什么。

　　家长对孩子生活的包办不仅容易造成孩子的逆反心理，甚至还会让孩子觉得没有自由。一味地限制孩子的言行以及起居，表面上看是关心孩子的身体健康，实际会造成相反的效果，会让孩子变得不想与人沟通。但是很多家长却忽视了这一点，反而觉得管得越多越好，是自己辛苦付出的结果。要知道，家长与孩子的关系是相互的。单方面的付出，缺乏对孩子心理健康的考虑，会造成不可挽回的后果。有的时候，反思自己，适当放手，让孩子自由地选择饮食、衣着、起居，甚至和孩子讨论自己的衣着、生活、饮食该如何调整，可能更容易让孩子掌握主导权，更愿意与人分享自己的意见。

四、让孩子参加比赛，也许是种伤害

有的家长培养孩子就只有一个单纯的目的：beat others（打败别人）。

孩子，是他们的武器。

于是就拼命让孩子去学钢琴，学唱歌，学舞蹈，学画画，学奥数，最后干吗？参加比赛！比赛是可以证明他们培养了一个优秀的子女的方式。

小余今年7岁，他的爸妈经常带他参加各种比赛，如跳舞比赛、选秀比赛、小明星大赛等。他的爸妈觉得多参加比赛可以锻炼他的能力，同时如果得奖，更能锦上添花，增加他的自信。于是每周都送孩子去学习，经常报名参加各种比赛。但是比赛完了以后，父母还是对比赛的结果比较在意的。有时候孩子如果没有拿到比较好的名次，父母还是会有一些怨言的。

其实，参加比赛未尝不可，但是要注意的是比赛背后的商业目的与各种强加在孩子身上的额外负担。也许作为父母，更应该让孩子知道，学习这些艺术、音乐等，是因为热爱它们，对这些有兴趣，而不是单纯为了比赛。如果以参加比赛为目的，孩子只会去注重结果，而忽略了在此过程中培养的兴趣，以及对这些兴趣的理解。如果没有了比赛，孩子还是很喜欢这些，那么完全可以让孩子去学习，放手让他们用感兴趣的方式去接触。如果比赛，只是为了证明孩子优秀，那么大可不必，这样做不仅会伤害孩子，还会伤害孩子的原始兴趣和动力。

五、给孩子犯错的机会

很多爸妈喜欢管孩子。依照很多家长的逻辑，所谓的管教或者教养，不就是让孩子不犯错，做一个"好孩子"吗？

其实，犯错对于孩子的成长来说，是一个有利的过程。

在学习和生活中犯错或者失败，可以帮助孩子有效应对学习危机以及找到解决问题之道。国外教育非常强调解决问题的能力，而这些能力的培养，都是通过让孩子自己不断地尝试、不断地失败而学习到的。

6岁的小杰在商场里玩耍，趁妈妈不注意，不小心打碎了隔壁店里的一个水晶花瓶。店长看见了非常生气，直接和小杰的妈妈交涉，并要求小杰的妈妈支付赔偿。小杰的妈妈看到后，非常生气，当场把小杰骂哭了。最后直接跟店家交涉，支付了赔偿金。

我想，如果要做一位控制欲不是那么强的家长，不应当直接指责或教育孩子或者直接主动与店家交涉。这个时候，首先要让孩子去向店家解释自己造成的失误以及讨论孩子自己想到的解决方案，重要的是，要让孩子全程参与解决这个问题的过程，并为自己的行动负责。同时，家长要坚持站在孩子的立场，一步一步引导孩子如何解决这个问题，比如可以提出通过让孩子做义工等方式来向店家赔偿一些损失。家长能够积极主动地配合孩子的想法与店家达成解决的方案为最佳。

给孩子犯错的机会，是让孩子更好地学习解决矛盾，成为一个有思考能力、能独立解决问题的个体。

六、培养独立的孩子，做孩子的支持者

自从当了妈妈之后，我也一直在想，要如何培养一个独立的孩子。

其实，要培养独立的孩子很简单，比管孩子简单多了，家长只需要放手和不管就行了。比如老子的无为而治，天地万物都有其自然发展的规律，要让事物遵循自然的规律发展，不加以干涉，才是修行之道。而孩子在成长的过程中，有其自然的发展规律，通过在不断失败中学习，自然而然就学会了。如果家长搭建了一条顺畅的道路，并时时刻刻掌控孩子的一切，那么一旦脱离了家长的照顾，孩子就没有办法获得独立，甚至一直活在家长的阴影之下。

这么做，比说"不许哭"更好
——让孩子学会感受情绪，了解和管理情绪

玥玥是一个爱闹情绪的孩子，每次一闹情绪就哭个不停，很难控制自己。她的妈妈也是束手无策，而且她的妈妈又是那种天生受不了孩子哭的人，一听到孩子大哭大闹，自己的脾气就跟着上来了。在孩子大哭大闹的时候，她也常常会发飙，并且命令孩子"不许哭"，玥玥被妈妈生气的样子吓到后，哭得更伤心了。最后妈妈要求她去墙边罚站并且"不许哭"才制止了她的哭闹。但之后，玥玥变得越来越不配合。玥玥的妈妈觉得孩子闹情绪是因为自己太宠她了。

其实，对孩子说"不许哭"并不是一个特别好的办法。

哭，是孩子情绪发泄的一种途径。一旦家长让孩子不许哭，会带来许多危害。比如，孩子内心会变得害怕、胆小，变得不知道该如何应对挫折。不让孩子哭，也会造成孩子负面情绪的积累。

一旦无法在哭中获得宣泄，孩子就会去别的地方寻找宣泄的途径，比如去幼儿园欺负别人，或者在家中搞破坏，使用暴力等。一旦在父母面前哭的时候被强行制止，孩子就会变得隐忍，与父母的关系也会受到阻碍。

简单来讲，哭，是孩子表达情感的一种渠道。孩子的哭声，也是一种语言，背后有很多不同的含义。有的时候，孩子的哭，是一种抗议；有的时候，是一种发泄；有的时候，也是一种悲伤和委屈。

我在网上看了一些文章，大都说不要对孩子说"不许哭"，然后正确的做法就是安抚孩子的情绪，与孩子拥抱，包容孩子等。不是说这种做法不好，而是这种做法不太现实。毕竟大人也是人，情绪也容易受到孩子影响。尤其在孩子大哭大闹的时候，如果单纯站在孩子的角度，让大人去包容孩子的做法，我反而觉得太理想化，而忽略了大人的感受，甚至有的时候，大人根本不可能做到。

因此，很多家长虽然知道不应该对孩子说"不许哭"，但是却不知道怎么做。真的在气头上也就管不了那么多了，先骂了再说。

在孩子大哭大闹的时候，家长该如何处理呢？

一、要控制孩子情绪，先要控制自己的情绪

首先，在孩子大哭大闹的这个场景中，家长应该了解，在场的不只有孩子一人，在场的还有自己，甚至更多的人。

当孩子大哭大闹的时候，势必是由于什么原因造成的，有可能是因为孩子的愿望得不到满足，有可能因为被家长批评或者其他的原因。然而，当孩子大哭大闹停不下来的时候，作为在场的家长，一开始不应该马上去关注孩子哭闹这件事，而应该先去想想自己此刻的感受。当我们无法控制孩子的情绪的时候，应当先尝试控制好自己的情绪。

自己的情绪不应该受到孩子情绪的影响。能做到这一点非常不容易，但是至少应该先控制好自己，不去对孩子说"不许哭"，或者说一些更能激起孩子负面情绪的话语。

如果能控制好自己的情绪，很好，可以进入下一步了。

二、父母应该"无视"孩子的哭闹

孩子发脾气哭闹的时候，应该是什么都听不进去的。"不许哭"或许会让孩子哭得更激烈。

如果跟孩子讲道理沟通无效，那么下一步，家长就只能"无视"孩子的哭闹了。

因为孩子潜意识里了解自己哭闹会对父母造成一定的冲击，哭闹是孩子的武器，很可能改变父母原本的意图，而让自己获得某些胜利。所以父母的反应对解决孩子哭闹是非常关键的。

有的家庭里就有爸爸扮黑脸，妈妈扮白脸的习惯，甚至爸妈扮黑脸，爷爷奶奶扮白脸，在这种情况下，孩子哭闹就只会去寻找扮白脸的大人。这进一步造成了孩子哭个不停，企图得到父母甚至长辈的让步。

在这种情况下，作为大人的我们不应该喝止孩子"不许哭"，然后企图通过"扮白脸"的一方安慰孩子，让孩子"息怒"。

我的做法是，不要理会孩子的哭闹，让他们哭一会儿没有关系，然后告诉孩子，没有人会"扮白脸"，等他不哭了再来找大人。

在这一点上，家长应当坚持自己的做法。可以先让孩子适当地发泄他们的情绪，但应告诉孩子，哭完以后，他也不会得到他想要得到的结果。

三、哭过之后：让孩子从哭闹中学习

在孩子哭闹的时候，千万不要打扰他们。因为家长的反应会让孩子觉得有机可乘，甚至导致孩子越哭越凶。

家长应当做到完全不理会，等待孩子哭完。过了一段时间之后，孩子的情绪可能会慢慢平静。这个时候，才是教育孩子的最佳时机。

其实，很多时候，哭闹也是一种学习的过程。**与其不让孩子哭，还不如告诉孩子，好好感受自己的"哭"，让自己好好了解和学习如何管理情绪。**

当孩子三四岁时，孩子已经可以完全了解自己的各种情绪。有一次我家小松也大哭大闹的。等他稍微平复，然后我就模仿了一下他哭闹的样子。没想到他看着我说，妈妈，你不许哭，只能松松哭。

我问他，我为什么不能哭？小松说，因为松松 sad（悲伤），妈妈 happy（高兴）。然后我马上说，松松 sad，妈妈也会 sad，如果松松 happy，妈妈也会 happy。听到这里，他半信半疑地擦干了眼泪。我说，你希望妈妈也一起 sad 吗？他摇了摇头。

我觉得，当孩子哭完之后，可以让他学习一些关于情绪的知识。比如，哭代表自己非常悲伤，与高兴是相反的意思，然后他哭闹，也会让妈妈不高兴。类似这样的讲解，可以让孩子慢慢了解到"哭"的另外一个作用，除了是情绪的表达，也是一种社交行为。

同时，家长也可以趁机教育孩子，就刚才发生的事，告诉孩子对错，以及以后应该怎么做。

孩子和我们大人一样，都会有脾气。有的时候应当多考虑每个人的情绪和感受，给大家一点冷静和发泄的时间，这样，比让孩子"不许哭"来得更有效。

孩子没有时间观念
——教孩子管理时间，做自己的 CEO

玲玲妈妈晚上最烦恼的事情，就是如何让孩子晚上准时上床睡觉。每次一到晚上八九点，她就想让孩子睡觉。可是孩子却偏偏变得更加生龙活虎了。玲玲妈妈指着墙上的闹钟说，你看，现在都九点了，你该睡觉了！可是，九点钟对于玲玲来说，和一点钟、两点钟、三点钟一样没什么分别。越晚孩子越精神，一会儿要妈妈讲故事，一会儿要喝水。对于让孩子准时睡觉，玲玲妈妈真是伤透了脑筋。

很多时候，孩子在幼儿园和家里的作息时间不一样，有时候会受到各种活动的影响，比如今天中午没有睡觉，或者今天中午睡了很久等，都会影响孩子的作息规律。我的孩子在学校适应得挺好，但到了家里，他就变得不知道该干什么了。尤其是周末，他只能在大人的安排下起床、吃饭、睡觉和玩耍。做了上一步，他也不知道下一步做什么。而且每一周都很不固定，导致每到周末或放假他就变得特别懒散。我想有必要训练一下孩子对于时间的学习和管理了。

说起来容易，但做起来很难。

有时候，他要缠着我讲故事，我正在忙着查资料，就会让他在旁边等一会儿。小松对"等一会儿"这件事也没有什么概念，坚持让我立马就陪他玩。

这学期，学校安排礼拜六让小松他们去幼儿园吃一顿特别早餐。但是他对周六是什么时候也没什么概念，每天早上一醒来就问：今天能不能去吃特别早餐？

孩子没有时间观念怎么办？

做事喜欢拖拉怎么办？

晚上不睡觉怎么办？

怎样科学有效地教孩子认识时间？

前不久，我开始计划训练孩子对于时间的管理和认识。我的目标是要让孩子学会自己关注时间，主动地执行事先安排好的Schedule（计划表）中的各项"任务"。我的训练方式是从简单的做起，一步步让孩子学会认识和了解时间，以及去管理和安排时间。可以说，越早让孩子接触时间观念越好，这有利于培养孩子未来对于时间的管理能力以及掌握时间、运用时间的能力。

一、让孩子学会等待

没错，等待也需要学习。

孩子在成长的过程中，往往都是个"急性子"。等待对一些孩子来说，可能比较难。因为在他们还没有形成时间观念的时候，他们往往不知道等待需要多久，如何等待。

此时，父母可以训练孩子从等待1分钟做起。渐渐从1分钟扩大到5分钟、10分钟，甚至一天、一星期、一个月……

最初，我们用手机给孩子定好时间，一分钟。如果孩子安静等待一分钟，便可以获得他想要的玩具和食物。以后渐渐延长时间。这一招很有效，现在小松对于等待已经做得非常好了，可以在旁边等待好久。

二、给孩子特别制作一个日程表

不得不说，日程表是训练孩子管理时间的一个非常重要的工具。

在幼儿园里有当天的日程表，有本周的活动日程表，还有本月以及全年的安排表。很多家长可能觉得这些日程表对于孩子来说不是特别重要，只要家长看过了解就好。实际上，幼儿园的日程安排关系到孩子的学习和生活。如果能教给孩子对于日程表的理解，将非常有助于孩子在幼儿园更好地配合老师以及更好地融入集体生活。

除了幼儿园的日程表，在家里也需要有一个日程表。比如早上几点起床，中午何时吃午饭，下午几点睡觉，几点玩耍，晚上吃饭和睡觉的时间都需要固定。一旦日程表安排了起来，就会让孩子从容地把握玩耍的时间以及乖乖地准时吃饭睡觉。

　　我们的想法很简单，就是希望通过训练孩子对于日程表的执行力来达到教会孩子管理时间的目的。

　　于是我们去超市买来了一个手动的儿童日程时间表以及在iPad上下载了一个电子的儿童日程时间表。其中，超市里买来的是当月的日程表，可以根据每天不同的活动放入图片。电子的时间表是当日的，有时间的安排和图画的显示。

　　图片，对于孩子来理解时间是一个非常棒的工具。把抽象的时间安排变成具体该做的事，可以让孩子更容易理解和执行他们的计划。当然，在安排时间的时候，可以和孩子一起，问问他的意见，以及告诉他为什么这个时间要做对应的事情。

三、学会认识时钟、星期、天气

　　孩子到了一定年纪，记忆力爆发，特别喜欢认知新的事物。

　　这个时候，家长可以教给孩子如何看时钟、星期，还有天气等。

　　在加拿大，冬天的时候天黑得早，到了白天，天又亮得很晚。我家小松总是搞不懂现在是白天还是晚上。于是我只好教他看墙上的钟，告诉他现在已经是几点了，到底是早上还是晚上。

平时在上学和放学的路上，也会乘机教给他关于天气和星期的概念，让他了解现在是何时，我们又正在做什么。

四、给孩子安排任务

除了训练孩子执行日程表，了解关于时间的知识，以及学会等待以外，家长可以尝试给孩子布置多项任务要孩子去做。这不仅可以训练孩子的记忆力、执行力，还可以很好地训练孩子对于时间管理和安排的能力。

比如早上出门的时候，我会训练孩子，先穿好衣服和裤子，再刷牙洗脸。也就是说，穿好衣服裤子之后，还有另外的事情等着他们。在这样的情况下，不仅可以让他们记住这段时间应该要完成的事，还可以增加他们对于时间的把握能力，不容易拖拖拉拉。

如果早上真的非常拖拉，我建议可以给孩子定好时间。比如在十分钟之内就穿好衣服，十五分钟之内吃完早餐等。告诉孩子，要遵守时间。

很多人可能认为，这样的训练对于孩子来说过于严苛，所以有时候就让孩子自由发挥。可经过一段时间的练习，我发现孩子比过去更懂事了，也更加懂得如何处理好自己的事情。比如在游乐场玩得很嗨的时候，我会说，时间到了，该回家了。儿子就乖乖地穿好衣服鞋子，牵着我的手准备回家。我感觉我再也不是以前那个需要大吼大叫拖着儿子回家的"虎妈"了。

教孩子对于时间的管理是从点滴的小事做起的。除了让孩子获得更多对于时间观念的视觉和感官上的体会以外，也要让孩子学会如何自主支配时间，做时间的管理者，而不是牺牲品。

从对每一分钟的珍惜，到对每一天的规划，都需要从小学习。只有懂得如何更好地管理和支配自己的时间，才能做自己的 CEO，才能创造 100% 的时间财富。

闲暇时间如何度过

——只用五步，轻松帮孩子做好假期规划

||

有一个加拿大的妈妈说，以前女儿在国内的时候，一到暑假就欢天喜地。然而到了加拿大，正好相反，一到暑假就愁眉苦脸。

因为不能去学校玩儿了！

不管孩子是高兴还是伤心，不管在中国还是在外国，对于每一个家长来说，暑假都有可能是家长最头疼的事，甚至是噩梦。

为什么暑假是家长的噩梦呢？我总结了四个原因。

第一，同侪压力。试想一下，如果自家娃在暑假里整天玩iPad，而别人家的孩子每天读书、学习、旅游、上兴趣班，是不是觉得暑假好像少了点什么？同时，孩子本身也容易感受到来自同学的压力。比如某某人的孩子暑假又去哪里玩了，又去参加了什么夏令营，如果自己没给孩子安排，是不是孩子也会感觉有点心理不平衡呢？

第二，报名焦虑症。话说，很多暑期班都要提早报名。在国

外亦是如此，很多 summer camp 要求提前两三个月就报名。如果没有及时报名，等到六七月就来不及了，可选范围也变小了。只能选一些别人挑剩下的兴趣班和夏令营，或者只能错过了。

第三，财政压力。很多暑期班的价格都要近万元。如果送到国外参加夏令营或旅游，费用还要翻倍。对于一个普通家庭来讲，是一笔负担。

第四，家长的时间有限。在时间安排上，如果家长是全职上班的话，就面临巨大的挑战。大一点的孩子可能还好一些。小一点的孩子就要考虑托管，或者报名参加各种 summer camp。而许多 summer camp 的时间也不是那么有规律。要合理地安排一个时间上可行，实际操作上有趣又有意义的假期真的好难。

具体要如何操作呢？如何才能给孩子安排一个既省钱又不浪费时间的暑假？如何才能让一年一度孩子最喜爱的假期变得更有意义并能学到东西呢？以下五个步骤可以帮你轻松搞定孩子的假期规划。

第一步，制订日程表

首先，妈妈要和孩子一起开一个家庭会议，会议内容主要是和孩子一起制订一个暑假日程表。这个日程表包括每周日程安排和每日日程安排。

每周日程表可以根据孩子的兴趣来安排每周不同的活动。每日日程表，可以具体到几点几分做什么。从而让孩子养成时间观念，并且能合理利用时间。

尤其是暑假期间，可以空出一些时间段让孩子自主选择，让他们自己规划和安排自己喜欢的活动方式。记得多安排一些 free time（自由时间）或者 free day（自由日）供孩子自主选择和安排哦！

第二步，寻找合适又多元的托管方式

对于很多上班族的家长来说，很可能暑假就意味着给孩子寻找托管。

其实这个时候，家长应该考虑选择不同又多元的托管方式。这样可以让孩子保持新鲜感，觉得这个暑假过得没那么无聊。

比如，可以在前面几周安排不同的夏令营，在中间安排一次旅游，在结尾安排去爷爷奶奶家或亲戚朋友家玩，等等。

不同的托管方式，会让孩子觉得假期变得十分有趣并且有意义。

第三步，和孩子做一些有意义的事

所谓有意义的事，其实就是能够让家长和孩子的亲子关系变得更加亲密的事。或者说，让孩子感到难忘的事。

这些有意义的事包括：为孩子准备一份书单，和孩子去逛一次博物馆，带孩子去旅游，陪孩子一起看一场电影，和孩子一起制作甜点，等等。

至少要做一两件能让孩子多年以后回忆起来仍觉得很美好的事。

第四步，给孩子准备一个"无聊箱"

一些妈妈特别善于动脑筋，愿意花心思在孩子身上。

我记得国外的妈妈们怕孩子无聊不知道干啥时，就为孩子准备了一个"无聊箱"，名字叫作"I am bored bucket"。在孩子不知道做啥的时候，可以翻一翻这个箱子，看看能找到什么好玩的东西。箱子里的内容包括各种故事书、棋牌类游戏、好玩的游戏题等。如果这样的箱子还是不够有趣，干脆直接抽签决定吧。真心被这些妈妈的脑洞折服。更有细心的妈妈还做了一个文件夹，把暑假作息时间表和各种 activity（活动）的内容全部变成一本小册子。让孩子打开来就能知道自己现在能干什么，保证随时都有事可干。

这真是个好主意，让老天来决定玩什么，应该会很有趣。

第五步，为孩子安排各种社交活动

暑假其实是培养孩子社交能力的好时机。平时在学校能认识的朋友非常有限，暑假期间可以通过参加不同的活动，让孩子有机会认识不同的朋友。

这一点非常重要，也恰恰是很多家长所忽视的。因为很多人会认为，暑假嘛，让孩子待在家里就好。即使是去 summer camp，也是冲着学习一些知识而去的，根本没打算认识新朋友。这是非常错误的观念。

孩子的情商和社交能力非常重要，必须从小培养。经常带孩子去参加一些聚会、派对、夏令营，甚至是和其他孩子一对一的 play date，都是培养孩子社交能力的好机会，绝对不容错过。

家长也可以适当安排同龄的孩子来家里玩，或者带孩子到公园、野外去和别的孩子一起玩。

出了这么多主意，不知道大家有没有 get 到精髓。精髓就是，只要家长有心，又愿意详细地安排一个暑假规划。对于孩子来说，什么样的暑假都是最开心、最难忘的假期！

教孩子做金钱的主人
——孩子的财商直接影响未来理财观念

一个留学生 A，家庭条件还算不错。从小他爸妈就灌输给他一个观念，好好读书。

就这样，他从小学一路念到研究生。每个阶段，他爸妈都及时给他一些零花钱。父母认为，只要好好读书，爸妈就会给钱花!

于是在他的脑袋里面有了一种印象，只要努力学习，钱就能从天上掉下来。

结了婚以后，父母给了他一笔钱，说以后这笔钱由他自己支配。但父母为他准备的钱就只有这么多了，以后不再提供任何钱给他，要靠他自己努力去赚钱或者想办法了。

然后，他算了一下，这笔钱可以够他吃喝玩乐好多年。于是他租了最高档的公寓，买了高档跑车，逍遥快活了几年下来，钱很快就花光了。花光钱后，他只好重新开始找工作，从零做起，靠工资过着艰难的生活。

另外有个朋友 B，读高中的时候，他父母让他自己去打工赚钱。于是他做起了家教。做家教的日子不容易，但他还是靠家教赚了一笔钱。上了大学之后，他开始琢磨怎么拿这笔钱炒股票。炒着炒着，他又赚了一笔钱。之后，他自己开了家律师事务所，开始琢磨怎么搞投资。

记得上次碰见他的时候，他已经有好几辆跑车了，还买了一栋洋房，真是甩了我们这些穷学生好几条街。

情商这东西，培养起来很不容易。但有个更不容易的东西，叫作财商。

在二十一世纪的今天，孩子的财商直接影响未来理财的观念。以及对于金钱的 sense（感觉）。

有的父母一直认为，过早地让孩子接触钱这种东西，是不恰当的。有的父母避而不谈钱的事。有的父母对于金钱的教育，也只局限于讲一些节约用钱之类的消费观念。这是远远不够的。除了消费观念外，如何理财，如何支配和获得金钱，都是相当关键的。

以前有本书叫作《穷爸爸富爸爸》。书中的作者罗伯特的亲生父亲和朋友的父亲对金钱的看法截然不同，这使他对认识金钱产生了兴趣，最终他接受了朋友的父亲——这位"富爸爸"的意见，认为不要做金钱的奴隶，要让金钱为我们工作，并由此而使他成为一名极富传奇色彩的成功投资家。

金钱这东西，很奇妙，不同的人会有完全不同的理解。而这种理解，也直接造成了穷爸爸和富爸爸的差异。而父母的金钱观尤其容易影响子女未来的理财观念。

我举个简单的例子。比如房子，这个东西在很多人眼里只是人居住的地方。因此有的人认为，买房子越便宜越好。比如现在他有30万元。他会想，我能花30万元买到一栋自己能居住的房子，为什么要花上百万去买那么贵的豪宅？因此他花了30万元在一个贫民区买了一栋很破旧的房子，三年以后，房子因为折旧，跌了5万元。

但是在投资人的眼中，房子不单纯是居住的地方，还是一件商品。如果花30万元买了一栋房子，三年后无法涨价，甚至会跌价到25万元，这不是一项划算的投资。于是他通过考察，选择在一个繁华地段投资了一栋100万元的豪宅，三年后房子涨到了200万元。即使有70万元是借的，他还是赚了100万元。

我们可以清晰地发现，有没有投资的眼光，是两种完全不同的思路。而这套思路不是一下就产生的，而是从小培养的，对投资理财的敏感度，对金钱使用和支配的想法，都需要从小培养，或逐步转变思想。

那么，如何培养孩子的财商呢？这里我想谈谈一些策略和方法。

一、记账：树立正确的消费观

很多孩子从小就对金钱的多少完全没感觉，也对一个月花多少钱完全没感觉，更不知道父母为他们花了多少钱。

这个时候父母应当鼓励孩子去记账：记录每日的收入和支出。通过记账，孩子可以了解到自己有多少钱可以支配，自己又花了多少钱，最终还剩多少钱。

花钱，其实是个意识问题，孩子有没有这方面的意识很重要。

记账多了以后，孩子会小心地支配自己的钱。了解自己这个月的钱花得是不是太多了。如何最经济实惠地购买自己生活和学习的必需品等。

平时家长也可以多和孩子玩一些购物类的小游戏。比如虚拟的超市，给孩子一笔钱，让他们去模拟买东西，然后看看最后都买了什么。这些都能使孩子养成更好的管理支配自己财物的意识。

二、带孩子去银行开户

家长可以为孩子开一个银行户头，然后给孩子办一张银行卡，定期存入一定的钱作为孩子的零花钱。

其实经常带孩子去银行，可能是一个好习惯。

在银行，孩子可以学习查看自己账户的收支情况，了解什么是利息，什么是贷款，什么是基金，以及什么是信用卡。

从小就教育孩子有关借贷理财的观念，让孩子了解钱能生钱（比如存钱可以拿利息等），可以更好地让他们知道用不同的途径管理自己的财富。

如果家庭经济条件允许，可以适当给孩子一笔小钱作为基金，比如压岁钱，让孩子自己去选择一种理财方式管理或投资自己的基金。

三、省钱和花钱

我小时候很爱攒钱，我妈每个月给我五块钱，我都舍不得花，常常攒起来。尤其还买了一个储蓄罐，整天存钱，一年下来也攒了好多钱。但是我从来都不知道花钱。每次买东西，都想着如何省钱。

长大后渐渐发现，省钱和攒钱在过去虽然是一直被鼓励的行为，但却不是完全正确的。有的时候，花钱才是更为关键的，家长应当从小培养孩子如何正确地花钱。

正确的花钱，并不是想买什么就买什么，而是如何能把钱花在刀刃上。也许花的这笔钱可以带来意想不到的效果。

不仅要培养孩子花钱，还要教会他们计算投资回报率，有赚钱的意识。

记得以前有个斯坦福实验，教授给学生五块钱让他们在短短一个星期时间赚更多的钱，看谁的投资回报率最高。于是有的小组的学生开始倒卖 T 恤衫，有的小组租来打气筒给别人的自行车打气收费。最后有个小组想出个办法，靠出售同学汇报成果那节课的门票赚了 600 美金，成为最后的赢家。

另外，有时候也有可能这笔钱花出去，不能赚到钱。但是你却赚到了友谊、知识、人气、相貌等各种资本，这也许是更重要的一种投资呢！所以还要学会如何用金钱去尽可能地换取这些无形或有形的各种资本。

四、让孩子参与家庭投资理财

我妈妈从小就培养我投资理财的观念。除了让我记账，给我一些钱让我自己管理之外，还让我参与家庭的投资理财。

小到买保险买基金，大到买房投资股票，全都让我一起参与。

我知道身边很多朋友的爸妈都正好相反，家里明明经济条件很好，却喜欢告诉孩子，他们很穷，一分钱都没有，什么都买不起。可能怕孩子出去乱说话被绑架吧。导致的结果就是，孩子也觉得自己家很穷，什么都买不起。既不关心如何花钱，也不关心如何赚钱。

从小就让孩子参与家庭理财，是一个练习。通过与家长讨论，可以逐步灌输给孩子一些投资理念。当孩子长大进入社会以后，就会知道如何更好地管理自己的财富了。

五、金钱观

最后说一下我理解的金钱观。

世界上有两种极端：一种认为金钱至上，钱越多越好；还有一种认为金钱是万恶之首，有钱人都是坏人。

我认为，金钱既不是越多越好，也不是越少越好。我既不赞同金钱至上的观念，也不赞同金钱是完全碰不得的这样的逻辑。我认为金钱应该是让我们的人生变得更有意义的一种东西。

　　很多人认为读书是为了找到更好的工作赚更多的钱，我们之所以花这么多时间工作学习都是为了赚钱。而我正好相反，我认为，赚钱是为了让我读更多的书，有更多的时间能做自己想做的事。

　　不同的金钱观，直接导致不同的人生轨迹。因此，从小教育子女树立一定的金钱观尤为重要。不要让我们的孩子长大了成为金钱的奴隶，而要让他们成为金钱的主人。

"妈妈，我害怕"
——面对孩子的恐惧，可用行为接触改善法

▌▌

前两天，小松晚上睡觉的时候，一直翻来覆去，最后他说了一句："妈妈，我害怕！"我问："你在害怕什么呀？"

小松说："我害怕万圣节。因为到处都是骷髅头、吸血鬼和大怪兽。"

前不久，小松迷上了万圣节的妖魔鬼怪系列。走路、上学、玩耍的时候都一直哼着有关万圣节的儿歌。然后，小松只要一和小朋友玩耍，就扮演怪兽吃人的游戏。在他眼里，什么都变成了妖魔鬼怪。然而投入演出的结果就是，小松到了晚上睡觉的时候，就开始害怕了，一直说到处都是鬼怪。

李莉因为工作的原因把她女儿送回老家，跟爷爷奶奶待了一个月。回来后，孩子一直说害怕黑，不肯关大灯睡觉（不是小夜灯）。这对于还要起早工作的李莉来说无疑是巨大的折磨。于是，

他们夫妻轮流上阵，对孩子各种劝说、引导，结果都无济于事，只要关上灯孩子就会歇斯底里地哭闹。后来李莉想开了，也许是大人过于紧张了，开灯睡觉也不是什么天大的事，孩子可能因为与父母的分离产生了恐惧。就这样她以一种自然的状态陪着孩子开灯睡了近一个月，并尽量增加陪伴的时间，让孩子感受到父母的关爱。突然有一天，女儿躺在床上搂着妈妈说："妈妈，我今天要关灯睡觉了！"李莉顿时泪奔。她的小宝贝自己找到了安全感，之后再也没有要求开灯睡觉了。

都说孩子在 0 ~ 3 岁的时候会害怕不熟悉的事物，比如习惯了用澡盆洗澡，当换成莲蓬头洗澡的时候，就会莫名地恐惧。而当孩子到了 4 ~ 6 岁这个阶段，孩子的想象力突然爆发了。这时候，孩子亲眼看到的事物会经过他们想象力的加工，变成他们感到恐惧的事物。比如床底下会出现怪兽，或者窗外突然出现恐龙。

还记得去年夏天小萝卜君来我家做客。我家松爸和他开玩笑说，院子里有很多很多的恐龙蛋哦！结果，半夜萝卜君就吓得睡不着觉了，原来他真的相信院子里有恐龙。

孩子恐惧的东西和大人很不同，常常大人认为很简单的事，对孩子来说都是无法接受的事。每个小孩都有不同的恐惧，有的是对想象出来的恐怖世界的恐惧，有的是恐高，有的是害怕水，有的是怕黑，有的是怕和陌生人说话。

孩子的恐惧如果不去克服，会对孩子的身心造成很大的影响。很多孩子童年的恐惧会给他们的成长留下阴影。

要如何帮助孩子克服恐惧呢？

我发现，加拿大最新的研究提供了一种适合改善孩子恐惧的方法，叫作"行为接触改善法"。这种方法是指：当孩子面对非理性的恐惧的时候，要循序渐进地引导孩子，让他们一步步地去面对引起害怕和恐惧的一些情境或场所，让孩子了解到他们想逃避或者害怕的事物其实是正常的现象。进而使孩子明白："逃避是无法让事物变得不恐怖的"。

那么，具体该如何操作？

第一步，了解情况

每一种恐惧都有不同的原因。

很多时候，孩子的恐惧感来源于生活。这个时候，家长可以向孩子了解清楚，他们在害怕什么。

如果孩子怕黑，害怕独自睡觉，害怕和陌生人交流，那么孩子可能缺乏安全感。

如果孩子怕水怕高，那么孩子可能对环境的适应能力较弱。

如果孩子怕昆虫、怕小动物，那么孩子可能胆小。

有的时候，家长也要扪心自问，自己的行为是否对孩子的恐惧造成了影响。比如很多家长喜欢威胁孩子，"你不乖乖睡觉，妖怪要来找你了哦！"或者"你不好好吃饭，小心大怪兽来吃你！"对孩子的威胁也容易使孩子感到恐惧。有的家长本身就怕黑怕高，因此对孩子也会有所影响。

很多人觉得如果孩子真的害怕，那就想办法尽量避免让孩子接触让他害怕的东西。

然而，在加拿大，我发现这边的教育提倡让孩子通过面对恐惧来战胜恐惧。

家长要告诉孩子，面对恐惧很重要，因为只有勇敢面对恐惧，才能摆脱恐惧。逃避是无法摆脱恐惧的，只有通过不断地练习，才能克服恐惧。同时，家长还可以告诉孩子，自己也有害怕的东西，给孩子做出榜样，要让孩子知道通过努力练习，恐惧是可以被克服的。

第二步，列出清单

和孩子一起列出令他们感到害怕的事。比如虫子、水、高空、和妈妈分开、去陌生人家里玩、游泳、骑自行车、看医生等。

家长可以将这些恐惧分类整理。比如人身安全类（游泳等）、自然环境类（昆虫等）、医疗类（牙医、打针等）。最好把这些清单整理出一个恐惧温度计（fear thermometer），和孩子一起给恐惧程度打分。比如 10 分是最恐惧的，1 分是最不恐惧的。先从最不恐惧的事物开始练习。

第三步，循序渐进

帮助孩子克服恐惧的最主要方法就是循序渐进，也就是一步一步地帮助孩子克服。家长切不可操之过急。

让孩子独立睡觉是很多爸妈头疼的事。由于我是急性子，有一次，我在训练小松一个人睡觉的时候，直接将他放在了他的房间，并关了灯。我在门外悄悄观察他。只见他一个人坐在床上东张西望，又想喊妈妈，又不敢太大声，然后又想站起来出来找大人，又不敢摸黑下床。就这样折腾了半个多小时，他还没睡觉。我只好进去安慰他，谁知一打开灯，小松就一脸绝望地望着我，眼睛里含着眼泪，低声说："妈妈，我好害怕。"然后，我一抱起他，他立马就躺在我怀里睡着了。

这次失败后，我总结了教训，家长不能心急，一定要懂得如何循序渐进。

我参考了国外的"行为接触改善法"。这个方法要求我们列出步骤帮助孩子从害怕过渡到不怕。就培养孩子独立睡觉而言，如果孩子害怕独自在房间睡觉，一开始可以让孩子在爸妈的房间打地铺睡。之后再尝试让孩子在自己的房间由妈妈陪着入睡。如果孩子适应了由妈妈陪着在自己房间睡觉，下一步可以让孩子在自己房间睡觉但把门打开（或开夜灯）。适应了这些以后，最后可以让孩子在自己房间睡觉，关灯关门。

再比如，如果孩子害怕游泳害怕水怎么办？妈妈可以先牵着孩子的手站在距离水池 5 米远处。如果孩子比较不怕了，妈妈可以牵着孩子的手站在距离水池 1 米远处。过一段时间以后，妈妈可以尝试让孩子站在水池边上，不接触水。等孩子比较能接受了，再让孩子在水池边上用手或脚接触水。最后尝试让孩子下水。

加拿大这边有专门的一套训练方法，政府还给家长每人提供一本小册子。其中还有一个表格，家长可以根据这个表格填写内容，制订循序渐进的步骤。

要注意的是，请给孩子设定一个目标。比如要自己一个人睡觉。然后根据孩子的状况制订一个计划，可以适当调整时间的长短和练习的次数。

在这一步，要给孩子机会去面对和接触恐惧。

家长应当从孩子最不恐惧的事物做起。比如，孩子不敢和陌生人打招呼。家长可以先让孩子向他们所熟悉的叔叔阿姨打招呼，再向不熟悉的一些朋友打招呼，最后可以让孩子向完全陌生的叔叔阿姨或小朋友打招呼。如果孩子不敢碰小动物，家长可以尝试让孩子在小动物身边待久一点，先从 10 秒钟开始，再到一分钟，再到 10 ~ 20 分钟。随着时间延长，孩子进入情境就不容易焦虑。不过，每个孩子的情况不同，要具体问题具体分析，这个方法也只是提供一种参考。

第四步，练习面对恐惧

练习非常重要，更重要的是家长要陪着孩子一起练习。在练习的过程中，亲子关系也会更加亲密。

有的时候，家长可以事先安抚孩子。在孩子接受挑战之前，先花一点时间，通过一些安抚手段，让孩子的情绪变得稳定，找到安全感。这时候，家长可以用拥抱或牵手的方式安抚孩子，然后再让孩子尝试初步的挑战。

此外，家长还可以提供一些小奖品以示鼓励。当孩子完成步骤，家长可以奖励一些玩具或食物。不要忘记称赞也是一种很好的鼓励方式。告诉他们，你做到了，真是一个勇敢的宝宝！也可以在别人面前称赞孩子如何克服恐惧，让孩子获得动力和自豪感，觉得自己变得更勇敢了。

另外，讲故事也是很有效的方法。通过故事里的人和事，告诉孩子再强大的人都有害怕的东西，关键是要用勇敢去克服恐惧。让孩子相信，这些恐惧是可以通过自己的努力来克服的。

在国外，我看见很多家长带着孩子去登山、跳水、划船，不免担心孩子的安全。一位外国妈妈说得很好："有一种教育叫作探险，只有 take risks（承担风险）才能看到别人看不见的风景。"

爸爸妈妈不能因为孩子害怕就和孩子一起避开或者逃避这些令他感到恐惧的事物。这是孩子成长的一次尝试、一次练习，甚至是一个必经的阶段。勇敢，是家长必须要教会和训练孩子的一种品质。

第 二 章

◇

想象力

保护孩子，不只是人身安全，
更要保护他们的想法

培养孩子的想象力到底有什么用

——有不同才有其他可能

█▌

　　张女士是一位移民妈妈，有三个孩子，年龄分别是两岁、四岁和六岁。出国后，她最大的纠结就在于，这里的早期教育就是让孩子整天玩，说是培养孩子的想象力，实际上她感觉孩子什么都没学会。现在她最大的愿望就是把三个孩子送回国内读小学，好好接受一番国内教育，珍惜学习时间。

　　张女士感慨，其实和大多数移民妈妈一样。一方面，觉得国外的教育方法先进，但是又不知道为什么先进。另一方面，眼看着孩子在学校不停地玩，什么都没学会，又相当着急。我们都知道想象力很重要，我们也一直在努力地研究如何培养孩子的想象力。但是，想象力为什么重要？

　　北美很多名牌大学的申请材料，都要求学生写一写自己有什么样独特的经历和背景，为什么要选择这个专业或这个学校。其实，这个命题背后的逻辑就是，你有什么样的特殊性。简单来说，就是你与其他人有什么不同。这就需要有想象力和创造力。你的想法，你的逻辑，甚至你为了追寻这些目的所达到的方法，与别人有啥不同？这是考验一个人的智慧和想象力的时刻。如果你没啥想象力，写出来的想法、逻辑甚至方法与别人没什么不同，那么这所名牌大学有那么多杰出优秀的人申请，为什么要培养一个没有特色平庸的人呢？

想象力能提供的，是一个与众不同的你。

国外交易制度的特色是：我要不同。

我们不要理念相同、想法一致、方法相同的研究，我们要的是独一无二、独树一帜、突破前人、挑战权威的创新型研究和人才。这也是为什么通常国外的申请材料无法造假的原因。因为你就是你，没有人比你更了解你自己。你的经历，你的想象力，都没有人可以代替。换句话说，如果你今天抄袭了别人的申请材料，这恰恰说明了这份申请谁都可以拿来用，无法体现你独一无二的个性。这个所谓的"不同"，看起来简单，其实很难达到，因为无法靠我们传统所说的"勤学苦练"来获得。

而这个想象力，要如何获得？

第一，想象力的培养，不是一蹴而就的，而是要靠小时候的培养。如果小时候的教育限制了想象力的发展，那么也许创造知识就会遇到重重困难。很多家长觉得上小学的孩子整天在玩，表面上看起来似乎什么都没学到，这就好比保护环境一样，很多人觉得保护环境和自己并没有什么关系，随地丢垃圾，也看不到环境变糟和自己的行为有什么直接的关系。很多国家实行的可持续环境保护措施，其结果都需要通过长期的几十年甚至上百年的过程才能看到。培养想象力也是一样，是一个缓慢的过程。也许你让孩子玩了几年，孩子看起来好像什么都没学会。实际上，想象力的种子已经在孩子的大脑中形成。将来某些时候就会被激发出来，帮助孩子创造知识，为社会做贡献。

第二，要了解想象力是一个民族和社会可持续发展的保证。换句话说，想象力是为了让我们未来子孙的生活变得更好。也许对我们现在来说，没什么影响。但是，你的周遭正在发生翻天覆地的变化，各种高科技的发明对我们生活产生的影响，各种全新的理论知识改变我们认识世界的方式，无不靠人类想象力的支撑。如果今天我们的社会只剩下抄袭和剽窃别人的东西，那么这个社会就失去了进步的原动力，进入了一个死胡同。家长可以经常带孩子去参观一些科学馆和博物馆，了解人类想象力的伟大，让孩子对发明创造或者艺术文化产生兴趣。

第三，想象力的培养，需要给孩子一些自由的空间和时间。在孩子的童年，他们自身的心理和生理都处于发育阶段，家长不能强迫孩子马上吸收知识，而是应当腾出一些空间和时间让孩子自由发展。如果家长每周帮孩子排满了补习或兴趣班，此时应该考虑是否该给孩子一些自由时间让孩子支配呢？

总而言之，培养孩子的想象力是一项长期的计划，把孩子送进大学，甚至国外的名牌大学，并不意味着结束，而意味着一个开始。而这个开始需要一套长期而周密的规划，包括从幼儿园阶段就要注重培养孩子的想象能力。从而让孩子的未来变得与众不同，以及能更好地贡献给我们的社会。

给孩子讲单一故事的危险性

——让孩子从小接触不同的声音

██

单一的故事，让人一不小心就对某种人或事建立了刻板印象。

最近陪儿子看了一部加拿大动画片，讲的是在滑雪场发生的故事。的确，说到加拿大，大家都会想到滑雪！孩子们对于加拿大的了解，也仅限于平时听到的故事。然后，听着听着，一个刻板的印象就形成了，说到加拿大，好像就只能是滑雪，冰球，以及爱斯基摩人。然而，其实在加拿大，人们真实的日常生活并不只有这些。

多年以前，我走出了家门，去了北京。

但是每次被别人问你是哪里人的时候，只要我说，温州人。很多人就若有所思地"哦"了一声，然后立马会说，你们温州人都是有钱人！不用猜，我也知道第二句话就是，听说你们温州人很会做生意，很喜欢炒房！然后第三句话，也是我经常听到的，温州人喜欢卖假货，造假！

每次遇到这样的朋友，我总是不厌其烦地向他们解释：第一，我不是生意人，我们家也不是做生意的。第二，温州人不都是生意人。第三，温州人不是都爱炒房，爱卖假货的。

　　别人把对温州人的刻板印象加在我身上的时候，让我第一次深深地意识到，听到对一个地方单一的描述，是一件相当危险的事。

　　这让我想起了奈及利亚小说家 Chimamanda Adichie 的演讲，《单一叙事的危险性》(*The Danger of a Single Story*)。

　　她说，自己来自非洲奈及利亚一个富裕的家庭，从小读着和美国同步的儿童读物，说一口标准流利的英文。

　　她讲了好几个令我印象深刻的故事。

　　第一个故事是关于在他们家帮佣的小男孩 Fide。对于这个男孩，她所听到过的所有的叙述都可以归结为一个字，穷。他们家非常非常穷，穷到吃不上饭。

　　然后，每次当她不想吃剩下的饭的时候，她妈妈总是会说，快把饭吃完，像 Fide 这样的孩子穷得连饭都吃不上，你竟然还不想吃。

　　她妈妈还经常把一些旧衣服送给这个男孩。直到有一次，她和她爸爸一起去 Fide 家的村子拜访他们，Fide 的妈妈送给他们一个编织精美的篮子。这事令她大吃一惊，她印象中，Fide 的家就是穷，没想到还能制作出这么精美的东西！对于 Fide 家的"贫穷"的描述，让她见不到除了穷以外的其他东西。

　　第二个故事，是关于她自己的。

　　多年后，她到了美国求学，遇到了一位美国白人室友。

首先，这位同学听到她一口流利的英文大吃一惊。这位同学说，没想到，非洲人的英文讲得这么好！

然后，这位同学问她能不能播放一些非洲部落音乐。

这让她哭笑不得。更搞笑的是，她的同学把非洲当成了一个国家，觉得她们非洲就只有大草原、部落和灾难。

她的室友用一种怜悯的表情想象着她眼前的这位来自非洲的同学应该是从水深火热的生活中来到美国的。

Chimamanda 提出了单一故事的危险性，这种危险就在于把对方文化的想象，置于与自己文化的对立面，并且容不下与自己文化的相似之处。

老实说，Chimamanda 从来没把自己当成非洲人，因为除了她自己生活过的奈及利亚，她对非洲其他国家和地区完全不了解。在美国求学的过程中，每当老师提到非洲，同学们都将目光投向她，期待她能够向大家描述一个大家所不知道的非洲，她这才第一次意识到，原来自己是"非洲人"。

她的演讲令我感触很深，甚至感同身受。

我们在建构和想象别人的故事的时候，同时也在被别人建构和想象。

在加拿大移民的经历中，我常常会被问到从哪里来。

我们都有一个家乡，但是我们也有第二故乡、第三故乡。

在不同的地方生活过，我们对某个国家某个地方的认同感是非常复杂的。

比如我认识的一个教授，是个华裔。第一次见到他的时候，那亲切的样子连我都忍不住要直接和他说中文了。

他是移民第四代。什么意思呢？就是说他的太爷爷这一辈是来自中国的移民。然后他的爷爷、爸爸和他自己都出生在加拿大。只不过他长着一副中国人的面孔，但是对于那个遥远的国度，他是不熟悉的，也完全不会说中文。

然后在大马路上，他就经常被问，你来自哪里。当他回答"我来自加拿大"的时候，总是被要求回答"你原来来自哪里"这个问题。他感到非常迷茫，因为他不知道该如何向他们解释他家族的历史，也不知道该如何正确地回答这个问题。

说到加拿大人，大家第一个印象就是白人。很多人无法把华人与加拿大人做连接。

每个人的心中，都已经对某件事物有了一个单一的印象。而这个印象主要来自他们所听过的故事，所接触到的人，以及所接受的教育。

现在国内有很多家长开始给孩子读美国的故事书，看欧美的动画片，以及直接接触和学习国外的一手教材。这都是非常棒的尝试。但是要非常注意的是，这些教材有可能只是单一片面地描绘了一幅国外生活的场景。比如像我一开始提到的加拿大动画片里，描绘了一群白人孩子在滑雪的故事，这就让孩子产生了一种印象，认为加拿大人的生活就是整天滑雪。其实，加拿大每个族裔都保留了自己的文化和生活方式，是一个文化上非常多元的国家。

再比如，之前我家小松最喜欢看的 *Peppa Pig* 动画片，描述了 Peppa 小猪一家的生活，爸爸有一份稳定的工作，妈妈在家照顾两个孩子。爷爷每天玩玩除草机和游艇，奶奶经常做美味的料理。

的确，这是大家印象中国外家庭应该有的样子。看多了类似的故事，孩子们就会觉得，爸爸一定要出去工作，家里做家务的一定都是妈妈。

但是，每个家庭都是不一样的。我身边也有很多单亲家庭，收养家庭，由各个族裔组成的多元家庭，以及很多不同种类的家庭形式。一个真正好的教育，就是要让孩子知道，家庭不是只有动画片里这一种形式，而要多听听来自不同家庭和文化背景的其他人的故事。回顾我们的教育，如果一直告诉孩子一个单一面向的叙事，是相当危险的。要让我们的孩子从小多接触不同的声音，多感受一个故事中不同面向的观点，才是教育的正确打开方式。

孩子，不要害怕提问

——思考能力的训练是一项长期任务

▊▊

据一个国内的妈妈讲，虽然目前许多国内的重点小学、实验小学都越来越注重孩子各方面能力的培养，甚至请了外教，动用了许多国外的教材来教育孩子。但是，单一化的"标准答案"式的教育仍然占据主导地位。老师，仍然占据"权威"的主动地位。孩子，仍然是被动的学习者。他们害怕质疑，只能被动地接受和吸收知识。

木木妈妈最担心孩子的问题是，孩子不敢提问题。今年上了小学的木木，最害怕的问题就是提问。她一方面胆子比较小，不敢在同学面前举手发言，另一方面则是害怕自己问错了说错了。有时候，她不敢提问的原因是心里不会去思考也没有问题，但有时候，即使她有问题也不敢问，因为她害怕自己的答案跟老师的不一样，担心会被批评。

质疑，是指对于一些事物提出自己的观点和问题，这观点和问题可能不同于"权威"的观点或者标准答案。这种质疑的训练对于培养孩子的批判性思考能力是至关重要的。

我在国外学教育学，第一堂课学的就是批判性思考（Critical Thinking），然后第一本书读的就是《批判教育学》（*Critical Pedagogy*）。可见国外教育界对于批判性思维的重视程度。批判性思维也是培养孩子创新能力和独立思考能力的根本，并且是未来人才所必备的一项基本技能。

那么，作为爸妈，如果你希望自己的孩子从小具有一定的批判性思维，应该怎么做呢？

一、从阅读中学习如何提问

质疑的一个关键点在于如何提问。很多孩子读书，都是照着书念一遍。念完了就结束了，并没有自己的思考和对书中一些问题的质疑。

作为父母，我们可以适当地去刺激孩子的思考，教孩子学会如何提出问题。尤其是在给孩子讲故事的时候，当故事讲完后，家长可以训练孩子去提出一些问题。

其实，提问题也没有我们想象的那么难。在国外，无非是五个"W"，一个"H"，即谁（who），什么（what），哪儿（where），何时（when），为什么（why）和怎么做（how）。

对于这六个问题，又可以具体地发展出其他的问题。比如这个故事中有哪些主要人物？他们做了什么？他们在哪里？故事的高潮部分发生在什么时候？为什么这些人物会产生这些矛盾？他们说了些什么？他们又是怎么做的？

当家长把这一系列的提问题的方法教给孩子以后，当故事讲完，就可以把提问题的任务交给孩子了。让孩子与自己共同去寻找答案，一起解决这些问题。

当然，提问题不是只有这简单的五个"W"和一个"H"，还有相应的其他重要问题。

比如：要让孩子想一想这个故事发生了什么？这个故事为什么重要？有什么方面是故事中没有提到的？我是如何理解这个故事的？故事里的人物各自站在什么角度说了些什么问题？除了故事里面提到的东西，还有什么重要的问题故事里没有提到，但我特别想知道的？

当把这些问题都问完以后，孩子的脑袋里就会出现各种各样的思考。一开始，孩子也许不适应一下子问这么多问题，这时可以适当地简化一些问题。

前面两个步骤都还是初步的，如果孩子对于前面两部分的问题都回答得很好，甚至能提出自己的疑问，那么就可以做下面这步了。以下这一步是让孩子搞清楚故事的人物线索、主旨大意、地点时间，以及主要矛盾。

我们可以让孩子用绘画的方式画出各部分的因素。孩子在回答这些问题的同时也是在训练大脑的思考能力，自然而然就形成了自己的问题。据说会问问题的人都是从回答问题开始的。在此过程中，孩子按照"回答问题—提问—回答问题—提问"的方式不断地训练和刺激大脑思考能力和思维方式，让大脑得到很好的训练。

因此，阅读是非常重要的培养孩子的批判性思维能力的关键一环。而这里所说的阅读不是单纯地"读"，而是要"想"，让孩子学会想问题和想答案，最终达到训练孩子批判性思考的目的。

二、鼓励质疑

很多时候，当孩子开始提出问题，或者提出不同的意见的时候。作为家长或者老师，更应该以鼓励为主。

有的人可能觉得在以标准化考试为主的教育体制下，无法去做鼓励孩子质疑的事。其实，即便如此，我们还是可以或者说仍然应该去鼓励孩子得出不同答案。

比如写作文就是一种很好的刺激孩子思考的做法。写作文没有一种标准答案，唯一能做的就是平时多读，多看，积累知识面。由此才能写出一篇好文章。在此过程中，孩子们可以畅所欲言，发表各自的观点。家长应当以鼓励为主，鼓励孩子多写，多发表自己的看法。

家长还可以培养孩子各方面的兴趣，比如搭模型，学画画，做一些科学实验等，让孩子从玩中找到解决问题的 100 种可能。

三、信息多源

在这个网络时代，可以多鼓励孩子去利用搜索工具，去寻找自己所需要的信息来解决相关的问题。

以前刚上博士的时候，有一门课叫作"如何做研究"，第一节课老师就说，今天这门课教的就是如何利用网络和数据库找资料。找资料，可能是这边小学生都要去做的一件事，但是我们不得不重复并且训练大家来学会如何更好地找资料。

是啊，找资料，也是一门重要的技能和手段。

未来是一个信息化的时代，谁掌握的资料多，谁就是胜利者。

让孩子从小就学会"搜索"，是一项重要的技能，也是训练批判思考不可或缺的一环。因为在"搜索"的过程中，孩子自然而然就学会了如何辨别、筛选，以及运用所收集到的信息去解决问题。当然，家长也要扮演一个重要的角色，在孩子搜索信息，寻找有用的知识的时候，替孩子把把关，教会孩子辨别善恶美丑真伪，真正做到"取其精华，去其糟粕"。

很多家长可能觉得这种训练方式没有什么立竿见影的效果。有许多的补习班或者学习工具，一买一用立马就见成效，这是大部分家长所期待的，期待自己的付出立马就能获得回报。

但是，思考能力的训练，是一项长期而艰巨的任务。也许现在无法获得丰厚的回报，但是在未来的某一天，孩子可能就如破茧而出的蝴蝶一般，获得了新生，获得了改变这个世界的力量。

孩子更需要被保护的，是他们的想法
——孩子喜欢，就要鼓励孩子去尝试

■■

　　小童最近学会了 why 句型，遇到什么问题都要问问十万个为什么。比如他会问："妈妈，我为什么叫小童？"一时之间，他的妈妈不知道该如何回答。然而他的好奇心越来越重，特别是对汽车轮子之类的。有一次在停车场，他看到旁边停着一台非常炫酷的跑车，就想过去摸一摸车轮，结果妈妈担心他的安全，大喊一声"不行！"，竟然把他吓得刚伸出去的小手又缩回去了，然后转身就大哭了起来。

　　当孩子渐渐长大，作为家长，对孩子的保护也在不停地改变。过去还是小 baby 的时候，会担心他吃了不该吃的东西，或者跌倒摔伤自己。年龄越大，就越开始担心他被别人欺负，或者欺负别人。然后，有意无意地，家长的想法就开始影响到孩子的行为。

　　以前，我家小松很喜欢从高高的床上跳下来，还大喊一声

"superhero（超级英雄）"，有一种风一样的感觉。小松肯定觉得那是"威风"的"风"。可我觉得是"疯子"的"疯"。每天他往下跳的时候，都震得地板很大声，他还一直连续不停地跳。我受不了就冲着他发火，不要再跳了！It's not a superhero（这不是超级英雄）！

说完，又觉得自己是不是太过分了，打击了他小小的自信心。

我开始反思，我们常常出于安全的考虑而要求孩子按照我们的要求去做，但是没有注意，此时孩子更需要被保护的，是他们的想法。

一、让孩子"跟着感觉走"

Facebook 的创始人扎克伯格，在大学时代放弃了在哈佛大学完成本科学业，毅然投入到创业中去。奇怪的是，他的父母并没有加以阻拦，而是支持孩子去做自己想做的事。很多人会想，还好他成功了。其实我觉得即使他失败了，他父母也不会后悔，因为道路是孩子选择的。他们只是在做父母的道路上很好地保护了孩子的想法，帮助孩子到达梦想的彼岸。至于有没有到达，就看孩子的了。当然父母要做到这一点，很不容易。

孩子的想法天生就与大人的想法相差甚远，因为考虑的面向完全不同。甚至很多时候大人会认为孩子被想象力和好奇心冲昏了头脑，没办法像大人一样考虑周全。但是这个想象力是孩子思想的火种，会为孩子未来的人生和思考方式奠定基础。

很多家长往往要求孩子去遵守一些规则，而忽略了孩子的想法，甚至把一套大人的想法强加给孩子。

豆豆五岁的时候，妈妈非常喜欢在爷爷奶奶和亲戚面前问他将来长大了想当什么的问题。有一次，豆豆说，我长大了要当卡车司机。豆豆的奶奶皱起了眉头，豆豆的妈妈马上说："你这个孩子怎么这么不争气？"然后就趁机教育豆豆，长大了可以当医生呀，或者当律师、工程师等。此时，懵懂的豆豆也不知道这是什么意思，下次再问他长大要当什么，他会说，我想当医生。

家长的这些想法可能会真的影响孩子。但是，有时候这只是家长的一厢情愿。也许有一天豆豆真的成了医生，但这可能并不是他所想要的职业。我有个朋友，小时候有很多兴趣爱好，比如画画、唱歌。这些兴趣让他获得了很大自信。结果，他的爸妈坚决不同意他搞其他领域，认为那些都没有前途，只能去读经济。最后，我那朋友只好放弃了自己小时候的爱好，读了经济，但辗转多年都没有在经济领域取得什么成就。说起来他感到很痛苦很后悔，很羡慕那些获得父母支持的孩子。

二、刺激孩子的思考

对孩子应该少讲道理，多引导孩子去表达自己的想法。即使孩子的意见在大人看来没有道理，也该尊重他的想法。可以和孩子讨论问题的利弊。

如果家长站在孩子的角度去问问题，也许会有所帮助。我也经常问我的孩子各种为什么。有时候，他即使不知道，也至少会想一想，对啊，why？刺激过他的思考之后，他好像比较能了解事物之间的逻辑了。

除了引导孩子思考之外，还应该告诉孩子，这个世界很大，爸爸妈妈并不知道所有答案。换句话说，有许多答案需要孩子自己去探索去思考。父母可以教会孩子一些方法。比如如何提问，如何从书中学到知识，如何求助一些工具书或者网络。有一次，小松想要了解一种动物，但是松爸也不知道关于这种动物的一些信息。于是父子俩一起上网寻找图片，并且一起做了一个小画报。就是在这种自己寻找知识和自己思考问题的过程中，孩子对学习知识的积极性提高了，并且非常喜欢思考问题。

三、正确认识"犯错"

告诉孩子，爸妈除了不知道所有答案之外，爸妈有时候也不一定对。这一点对许多中国家长来说非常有挑战性。因为在中国式的家庭中，父母就是权威，他们担心一旦父母承认自己说的不对以后，孩子再也不听爸妈的话了怎么办。

其实，父母应该允许自己在孩子面前犯错，父母做了错事，也可以向孩子道歉或者纠正自己的错误。当然年纪比较小的孩子，也可能不知道父母到底哪里错了。随着年龄的增长，当孩子有了自己的思想主见和知识，有能力去判断父母是否做错的时候，父母应该学会反思自己的错误，而不应该把自己错误的观念和想法强加到孩子身上。

有时候也需要适当允许孩子犯错，只有在错误中找到自己的位置，才能了解到以后该如何应对。

四、喜欢，就去试试

喜欢，就去做，去尝试。我想，这是父母给孩子的最好礼物。我常常看见国外很多父母带孩子去参加一些危险性很高的户外探险运动，也许对孩子来说，这是一个很大的挑战，甚至威胁到孩子的人身安全。但是，这些父母做到了保护孩子的思想，从小就告诉他们要勇敢地面对挫折，想做就做，没有什么是不可能的。

拒绝孩子是门艺术

——不停地拒绝，也是对孩子的一种伤害

我家小松总喜欢提各种无理要求，比如：妈妈我要爬栏杆，妈妈我要踩泥坑，妈妈我要吃巧克力冰淇淋，妈妈我要喝可乐，妈妈我要去湖里玩水……

每件事我都想拒绝！怎么办？！

我想，很多家长和我有同样的苦恼吧。

想买玩具，要求得不到满足，就开始在公共场合满地打滚，怎么办？

晚上刚刷完牙，突然要吃零食，爸妈不同意就开始撒泼耍横，怎么办？

早上一睁眼就要看电视，磨磨蹭蹭不肯去幼儿园，一听说不行立马号啕大哭，怎么办？

怎么拒绝孩子的不合理要求真是件头疼的事。

拒绝孩子，是门艺术。今天我想谈谈如何拒绝孩子的不合理要求。

一、设立标准

所谓拒绝，是有一个大前提的。我给自己设立了一个标准，能不对孩子说"不"的，尽量不说，依据事情的程度来决定。不到万不得已，不轻易拒绝孩子。

在拒绝孩子之前，应该先理性地判断，这件事值不值得拒绝，该如何拒绝。

小华高中毕业的时候，想要一辆摩托车。他的爸爸一开始是拒绝的，心里想，骑摩托车多危险啊。于是不加解释直接一口拒绝了小华。小华很不甘心，他花了一年时间省吃俭用加上打工攒下一笔钱，买了一辆破旧的二手摩托车。这下他老爸更郁闷了，他认为骑摩托车是件很危险的事！但一直也没跟小华解释拒绝的理由以及说明危险性，只是眼睁睁地看着他每天骑着破旧的摩托车出门。直到有一次小华骑车不小心撞上了一个骑自行车的大妈，两人都进了医院以后，小华的爸爸不得不花了一笔钱赔偿损失，并且给他换了一辆更加安全的汽车。

当然小华属于比较大的孩子了。对于子女在大学阶段提出的要求，父母可以在商量的情况下，讨论出一个解决方案。但是对于小孩子来说，在他们心智发展还未完全成熟的时期，如果被父母无情拒绝，会因为一时冲动而做出傻事。因此家长要适当加以引导，要非常小心地拒绝孩子的要求，要严肃地考虑拒绝之后会带来哪些后果。

如果孩子在商店吵着买玩具而家长不给买，这时有的孩子就会满地打滚大哭大闹。很多育儿网站上都会说，家长可以通过让孩子转移注意力的方式，迂回地把孩子引导到别的地方。

这样的方法看起来解决了当时的"燃眉之急"，其实是治标不治本，无法从根本上解决这个问题。并且下一次到了超市或玩具店，孩子一样会继续满地打滚。如果让步，给孩子买了，下次孩子还会故技重演，要求再买新的玩具。

其实，当孩子提出一些要求的时候，家长应该逐步建立一套统一的标准，就好像拟定规章制度一样，和孩子定好了这个制度，以后都照此实施，大家就可以更轻松愉快地相处。

二、拒绝也是一种教育

安安总是喜欢不停地要求爸妈给买玩具。每次去超市，他总是会去自己拿一个玩具，然后要求爸妈必须得买。不买的话就在超市里哭闹。安安的爸爸没有办法，每次都只能答应孩子的要求。长久以来，就养成了习惯，每次去超市或商场，都必须带一件玩具回家。因为这事，安安的爸妈也吵了很多次。安安的妈妈不希望孩子要什么玩具就给买什么，但安安的爸爸却总是答应孩子的要求，想要什么玩具就给他买什么玩具。

关于孩子吵着买玩具这个问题，家长应该从根本上去考虑。安安的案例也体现出了夫妻对孩子吵闹买玩具这个事情的犹豫不决以及意见不一致。夫妻应当提前统一做出一个决定或者讨论出一套标准。比如，可以规定每次孩子买玩具的钱不能超过一定的标准，或者一个月只能买一件玩具等。

并且，家长也可以给孩子一定的零花钱。即使是学龄前的幼儿，也可以用家长代替保管的方式，适当给孩子一些自由支配的钱。比如国外一些家长会让孩子做家务，给予一定的零花钱奖励，或者每个月固定给孩子一些零花钱。这样，孩子想买什么，只能用自己的钱去买，买什么玩具也由自己决定，钱用完了就等下个月。

有些家长反映，有的孩子用自己的钱买了一些家长不喜欢的东西。有的孩子攒了好久的钱，因为一时冲动买了一些家长认为没用的甚至是危险的东西。还有的孩子常常提出一些不合理的要求，而且伴随着危险性。这时家长的拒绝可能会给孩子的心灵带来伤害，但又不得不拒绝孩子的要求。

这个时候，最重要的就是教育。教育，不是拒绝，不是说教，而是教给孩子一些判断事物的能力和价值观，让孩子自己做出正确的判断。

比如有一次，我家小松在公园看到喷水的水柱，他非要去玩水，我说，你可以去玩，但是衣服湿了或脏了，我们没有换洗的衣服，你得一直穿着这件衣服。我儿子当时也没太明白我的意思，直接就去玩了。玩过以后，他要我给他换衣服，我说："我已经跟你说了，我没带换洗的衣服。没办法，因为你自己要去玩的，你只能穿着湿衣服回家。一路上，他只能坚持着。以后，他就明白了这个道理。每次去公园看见玩水的，他都不敢直接去玩了，都会问："妈妈，我可以去玩吗？没带换洗的衣服和浴巾就不能玩了。"

拒绝也是一种教育，通过告诉孩子原因、后果以及家长自己的经验，让孩子懂得家长为什么要拒绝孩子。其实，孩子的理解和学习能力是很强的。有的家长会觉得，自己的孩子那么小，讲了他也不懂，就直接拒绝了。这是非常错误的。即使孩子不懂，也要先讲明道理。经历过一次之后，他就会彻底懂了。

三、情绪的处理

通常家长在拒绝孩子的时候，总会伴随孩子的小情绪或发脾气，而家长自己的情绪也可能会受到影响。

一直果断地说不，是不行的。直接拒绝，是最不明智的一种做法。暴力威胁则更不可取，这对孩子造成的伤害是长久的。

拒绝的时候，可以用讲故事的方式。给孩子分析下后果，但是不要用哄的方式。

比如，孩子不吃饭要看动画片。如果家长断然拒绝，孩子可能就更不吃饭了。如果用哄的方式告诉他吃完饭再看更好看的动画片，孩子的脾气只会更大。这个时候要说明后果，比如不吃饭看动画片，会影响身体的发育。可以用有趣的通俗易懂的讲故事的方式告诉孩子，比如说，小肚肚会痛痛，因为饿了；小手手也会饿，没有力气干活了，身体会受到哪些负面的影响等。

通常我家小松生气的时候，也会满地打滚，然后一直大哭，最后会低着头，不说话。这个时候，我通常会先安抚孩子的情绪，让他不要生气。等他安静下来，我就开始给他编有趣的故事，顺便给他讲道理。讲故事的作用在于缓解尴尬而紧张的气氛，同时又可以吸引孩子听进去。在听完这个故事之后，孩子就破涕为笑了。因此，先稳定孩子的情绪很重要，之后再用调节气氛的方法去活跃下气氛。在愉快的状态下，孩子更容易接受家长的想法和道理。

总而言之，家长要先摆正自己的立场，清楚自己的想法，然后把自己的思想和道理灌输给孩子，切不可一意孤行。如果孩子的要求真的有一定道理，就尽量满足孩子的要求，一直不停地拒绝，也是对孩子的一种伤害。

别让练字影响了孩子的随性思考

——有个性的字，才是好字

去一家餐厅吃饭时，看见墙上挂着一块黑板，上面写着一行字，好像是鸡×××饭。中间三个草书完全没看懂。我跟松爸说，黑板上的字实在是太丑了，简直忍无可忍，我有种冲动想要上去帮写一写！

松爸说，字写得好真的重要吗？

突然觉得，松爸问得好有道理！

回顾一下我自己的经历，字写得还算不差。

因为从小就被教育，字如其人。

于是有段时间，我拼命练字，几乎写得跟字帖一模一样，这也算个一技之长吧。平时能编编黑板报什么的，偶尔帮同学"伪造文书"，模仿同学家长签字"已阅"。艺术节的时候能代表班级拿个钢笔字比赛一等奖之类的。

总觉得要是我的字写得不好看，大家就都不喜欢我了。

然后，瞬间就长大了。

出国后，我渐渐忘记了我还有这一技之长。掐指一算，我有多久没写中文字了，连中文名字都没写过！学校里所有的论文都是打字的，还全是英文。然后平时签个字什么的，也全是英文。很快，我的一技之长没用了。

字写得不好并不代表别的方面也不好

老公说，他有个在台湾的同学，从前写的字是全班最差的。但人家后来成了研究所的研究员，成了知名学者，然后出了好几本书，都是剑桥大学出版的。

到了国外以后，我发现老外根本不管孩子字写得好坏。反正英文就那几个字母，写得再差也看不出来。

这边有很多孩子用左手写字。比如我家小松，他就很喜欢用左手写字、画画、吃饭、做事，但是右手也可以！至今我搞不清楚他是不是左撇子。但有一点肯定的是，没人打算纠正他。不管哪只手都可以写字、画画！

以前我外婆是左撇子。她从小家教很严格，家里人硬是让她换成右手写字。虽然她右手写的字也是歪歪斜斜的，但家长觉得右手写的字比较漂亮而且也比较正常，左手写得难看，然后一直到老她都是用左手吃饭，左手干活，用右手写字。

所以说，字写得差，并不见得没前途或人品差。

别再让孩子恐惧练字

字如其人，已经变成一种意识形态。通俗来讲，是一种怨念。这让无数孩子感到恐惧。

字写得好，当然好。好像你会唱歌，会弹钢琴，会跳舞一样，是一门才艺。但是，字写得不好，也没关系。就和你不会唱歌，不会弹钢琴，不会跳舞一样，也可以活得很好。

如果孩子自己有兴趣练字——当然这个兴趣是孩子真的有兴趣，自己会主动每天练字帖（和当年的我一样），而不是被家长硬逼后产生的兴趣——那当然好。但如果孩子没有兴趣，硬逼着孩子写字，然后练一手好字，我觉得这是完全没有必要，甚至是错误的。

强迫去练字容易限制孩子思考

写字，或者说练字，限制了一个人的思考。

字写得好不好真的是天生的。有的人不需要练习，字就写得很好，有的人原本就写不好。

比如我家公公，小时候家里很穷，连饭都吃不饱，更别说让他练字了。长大了也一直在经商。但他天生就写得一手好字，常常从台湾写信给我们，工工整整的竖排信，写得跟书法作品似的。

我家松爸从小也没练过字，但字也写得很好。我感觉这就是遗传。

但是，逼一个原本写不好字的孩子练书法，是很危险的。他们会"无脑"地模仿笔画，描字帖，一个字一个字地写，只关心字的外形和笔画，不关心字的本身、含义，以及所有字联系到一起之后的意义。

　　细思极恐。

　　对于字的美丑，有一套标准，那就是"字帖"。这些字帖让孩子的字变得越来越没有个性。如果你希望自己的孩子练一手好字，应该记得不要让孩子单纯地去模仿字帖，而更多的要注重孩子个性的发展。

　　一切随性。有个性的字，才是好字！

第 三 章

◇

社交能力

培养孩子"我是谁"的
自我意识和社会认知

早教就是教更多的知识吗

——培养孩子"我是谁"的观念

松爸和小松躺在地板上，看着天花板。

松爸对小松说：你以后长大了，会非常非常高，比爸爸还高。

小松说：不，爸爸比较高。

松爸问：为什么？

小松说：因为松松越长越高，爸爸也越长越高，妈妈也一起越长越高，大家一直长到屋顶。

松爸听到这话，一番感慨，等哪天小松长高了，他也老了。

在如今这个浮躁的社会，越来越多的人希望过上快节奏的生活：以最快的速度长大，最快的速度学习，最快的速度达到目标。孩子还小的时候，就希望孩子快点长大，等长大了，才发现自己也老了。

从孩子出生起，很多家长已经提前做好准备，要努力把孩子培养成有社会竞争力的高素质人才。于是就有了各种各样的早教班，语文、数学、英语、体育一门都不能少。

如今，很多幼儿园都已经呈现小学化的趋势，上课把手放好，乖乖背课文，学算术，课后还有作业……有的家长为了让孩子更"超前学习"，专门花费大把时间和金钱亲自教学或送去补习，业余时间教孩子认字，学英文，学数学，还在学前班的孩子已经掌握了小学一二年级的内容。

早教最早起源于德国，原意是训练培养孩子身体、情感、智力、精神、人格等多方面的能力。但到了中国，早教变成了一种直奔应试教育的教育形式。

虽然很多家长反对这种"揠苗助长式"的早教训练，但是在面对自己孩子早期成长的教育问题时，仍然不知所措。

那么早期教育的目的究竟是什么？如何才能放慢速度，让孩子顺着自然成长的规律成长呢？

早期教育最主要的目的既不是教孩子学习所谓的知识，也不是为了帮孩子开发智力，早教最主要的目的是帮助孩子建立一种自我认同。

这种自我认同的建立，包括几个方面：对自我的认识，对家庭和社会的认识，对自然世界的认识，对贡献社会的认识。

说白了，早期的教育，就是为了让孩子成长为一个独立的有自我意识的个人，是为将来更好的学习能力而打基础。其实，学习什么和如何学习不是早教的重点，换句话说，早教的重点应该在于培养孩子"我是谁"的观念。

一、对自我的认识

孩子可能很小的时候就有了自我意识。比如我家小松会说，我叫松松，我是个男孩。

然而，对于早期教育来说，这还不够。

他应该认识到自己各方面的特色，以及与众不同的地方。

认识"不同"是早期教育的关键。

除了认识到自己的名字、性别、年龄、肤色、种族、国籍、语言、外貌以外，还应该认识到自己有哪些与众不同的地方。比如最喜欢的颜色、最爱的朋友、最喜欢的玩具等。

同样是雪人，不同的孩子画出来却是完全不同的样子。为什么我会选择这种颜色？为什么我会选择这样的背景？我喜欢什么样的雪人？这些都是需要刺激孩子思考的地方。在思考的过程中，帮助孩子建立自我意识和自我认同。

自我意识的培养，并不是培养孩子"唯我独尊"的性格。而是培养孩子的独立意识。把每个孩子当成一个独一无二的个体，才会让他们在成长的道路上感到自己存在的意义，从而创造与众不同的东西。

二、对家庭和社会的认识

孩子并不是一个个体，而是生活在家庭和社会中的一份子。因此，早期教育还应该注重培养孩子参与家庭和社会活动的能力。

这些能力非常复杂，包括社交能力、语言交流的能力、情商、活动领导的能力，以及生活方面的能力等。

就培养家庭观念而言，国外的早期教育非常注重强调学习 heritage（家庭传统）。教孩子学习不同家庭的不同文化背景和家族历史，以及学会参与做家务，学会感谢家庭成员的付出。包括询问爸爸妈妈关于家庭的一些历史和事迹，制作 family tree（家庭树），以及感谢卡片和礼物给爸妈。

同时，孩子也是社会的一分子。在早期教育当中应当强调培养孩子的合作能力、领导才能和竞争意识。合作能力可以通过让孩子共同制作一件艺术品来训练。领导才能可以通过让小朋友组织表演活动来实现。竞争意识可以适当让孩子玩一下竞技类的游戏，比如篮球、下棋等。

当然这中间最重要的技能是学会独立和对别人的尊重。

学会独立，是一项长期而艰难的训练项目，是伴随孩子整个童年时期的。学习独立的目标是要把孩子训练成为在 18 岁以后能够独立自主、自力更生的个体。这里所说的独立，在早期教育时期是指，父母应当注重让孩子学会照顾自己的饮食起居，包括自己吃饭，自己刷牙洗脸洗手，自己穿衣服，以及自己动手整理玩具，自己拿书包等。

每次去幼儿园接小松，他都会自觉主动地把玩具放回原处，能自己穿衣服穿鞋子，带好自己的书包回家。

习惯的养成不是一次两次，而是每一次。

为什么早期教育需要慢慢来呢？因为这些习惯的养成都是需要一个长期的过程的。在此过程中，孩子需要逐渐成长为一个能自己处理、解决自己的事情的个人。

而尊重则是更重要的一种品质，也是需要通过训练养成的，目的是让孩子学会礼貌用语和文明行为。很多人说，国外所谓"放养式"的教育，就是让孩子玩，什么都不教。其实，事实不是这样的，他们的早期教育中，学习对人尊重是最重要最核心的概念，几乎每天都在反复不断地让孩子练习。

三、学会认识自然世界

人除了是社会的动物，也是自然的生物。我们的生活环境离不开自然。

在小松的幼儿园，每天都有户外活动课。老师几乎每天都带着一班孩子走进森林，告诉孩子各种动植物的知识。

让孩子玩树叶，在水坑里踩一踩，玩泥巴，充分地享受和接触大自然。还会收集一些奇形怪状的树叶和石头，或培育小植物，养育小动物。

我们应该告诉孩子大自然是我们的朋友，要注意保护环境。同时也应该告诉孩子，要勇于探索大自然，不要畏惧，不要胆怯。

四、学会贡献社会

最后，早教还有个重要的目标就是让孩子学会创造知识贡献社会。

那么，这么小的孩子能创造什么知识，能贡献给社会什么呢?

其实这里所说的贡献，并不是真的做出什么了不起的贡献，而是指靠自己的想象力、创造力和思考能力给我们的世界带来一点小小的改变。

比如，让孩子通过画画去表现自己的想象力和创造力；学会种树，保护环境；通过表演，传递爱与正能量。

早期教育光是教孩子建立自我认同，就需要花费不少心思。这种教育无法通过急功近利获得成功，必须循序渐进一步一个脚印慢慢建立。

孩子成长所需要的时间无法改变。让孩子享受人生唯一一次的童年，同时能玩并快乐着，才是家长需要提供的。

我和松爸常常觉得小松长得太快了。衣服一下就小了，鞋子也是常常换大的。看着他一天天长大，我们希望能放慢速度，让我们一起享受整个美好的时光。

孩子缺乏社交能力怎么办

——如何从小培养孩子成为一个高情商的人

凯文的妈妈说自己最担心孩子的社交能力，凯文还小的时候，凯文的妈妈只要求他能够完成好自己的学业，孩子也不负众望考上了理想的大学，开始了新的生活。但刚上了一个月的大学，凯文就觉得很孤独。一问原因才知道，凯文苦恼于自己没有办法融入大学的社交圈，也没有朋友。平时凯文从不去参加学校的社团活动，每天宿舍、食堂、教室三点一线的生活，更加让他没有机会交到朋友。凯文的妈妈说："我常常鼓励他多参加集体活动，或者多和朋友出去游玩，但是起不了作用，甚至他还对我的话产生反感。"

跟凯文的妈妈有同样担心的还有小余的妈妈，她带着6岁的儿子移民到了加拿大。来到这里之后，她儿子觉得最困难的就是在新学校交不到朋友。一开始她觉得也许是语言的原因，毕竟孩子没法说流利的英语。没想到一年之后，孩子的英文水平进步了很多，交流已经完全没有问题了，但是仍然交不到朋友，这让她很伤心，觉得也许真的是社交能力出了问题。

大多数家长都认为孩子每个阶段培养的方向不一样，比如小时候注重营养健康，大一点就关注学业，然后等高中毕业进入大学或社会，才发现原来孩子还欠缺社交能力、领导组织能力，以及一些其他的能力。

然而我发现，很多国外的育儿书则强调孩子的教育是一个整体而全面的过程，如社交能力和情商，从婴儿时期就应该开始关注和培养了。

如果家里有 6 岁以下或学龄前孩子的家长，最好从现在就开始密切关注孩子的社交能力，进行有意识的培养。这种培养并不是补习班式的定时定点的教育，而是在平时的日常生活中时刻有意识地引导孩子，甚至用一些小技巧让孩子变得更容易与人互动，也更知道在什么场合应该做出什么样的表现。长大以后，孩子的社交能力自然就提高了。

那么在孩子长大的各个时期，家长应该如何培养和训练孩子的社交能力呢？

婴儿时期

在婴儿时期，父母就可以适当地与婴儿进行语言交流。而这种语言交流并不是单向的，而是双向的。

比如，如果小婴儿想要找奶瓶或奶头喝奶。家长不是简单地把奶瓶和母乳给婴儿，而是用对话的方式询问。例如，"宝宝你饿了吗？这是奶瓶，现在来给你喂奶哦！"或者"宝宝，现在妈妈给你喂母乳"。然后可以观察宝宝的表情，让他知道，当他饿了的时候，通过哭声或某些动作可以获得家长在语言方面的反馈。

1 岁左右

当孩子到了 1 岁，与父母的交流就更多了。此时，父母应该就孩子的动作行为进行语言上的解释说明，让孩子从中学习该如何表达，同时也可以通过肢体语言与孩子进行互动式交流，让孩子更容易理解父母的意思。

比如 1 岁的孩子在吃饭时把食物撒得满桌子都是，吃饱后就不愿意再吃。此时父母可以和孩子进行语言交流，比如可以说："宝宝，你吃饱了吗？你看你把食物撒在桌子上了。现在妈妈（爸爸）帮你清理这些食物，等清理完了我们再出去玩一玩。"在这样的语言交流中，让孩子感觉到自己是被沟通的一方。

2 岁半

孩子到了 2 岁半甚至更早，就开始牙牙学语了。有很多孩子两岁多已经可以讲比较完整的句子了，而且也经常会指着某个东西告诉家长这是什么。

在此阶段，家长应当引导孩子准确发音以及表达自己的意图，并加上一些解释说明。比如两岁的丫丫指着墙上的蜘蛛说："爸爸你看，嘟嘟！"爸爸马上纠正："这是蜘——蛛。"语气放慢、发音清晰的同时还要让孩子再跟着说一遍，而且加以解释："蜘蛛会爬来爬去，你害怕吗？"父母对于孩子的语言，要及时纠正，让孩子在与家长交流的同时，学习语言技巧。

3 ~ 5 岁

这个时期的孩子，语言能力通常已经非常不错了，父母可以利用跟孩子在一起的时间多与孩子进行语言交流。比如芳芳在幼儿园放学回家的路上，和妈妈谈论在幼儿园的生活，妈妈问："今天老师有没有讲什么故事？你可以跟妈妈说说吗？"让孩子多描述幼儿园的情景，更好地与大人沟通自己的想法。

当然，这个年龄的孩子应该已经有了一些朋友，父母可以多带他们与同龄的小朋友一起玩耍，同时让他们谈谈与小伙伴玩耍的感受。比如，我常常组织我儿子与他幼儿园里要好的小朋友一起 play date，在此过程中，我还要求孩子讲一讲自己对于这个小朋友的感受。比如，我会问："你喜欢和他一起玩吗？他有哪些地方做得不对？你有哪些地方可以做得更好？"

除此之外，家长还应该鼓励孩子学会分享，鼓励 turn taking（轮流与其他孩子玩玩具）。

6 ~ 8 岁

孩子6 ~ 8 岁时，大多进入了小学阶段，因此也有了更多的机会去接触老师和同学。在这个阶段，家长可以关注孩子用语方面的行为。家长可以做一些简单的观察，比如，我的孩子是如何向别人提出要求的？我的孩子如何让别人注意到他的？我的孩子如何与老师和同学交流的？

根据观察的结果，及时纠正和引导孩子的行为，从而使孩子使用正确的语言和礼貌用语。尤其注意要教孩子正确地与人打招呼的方式以及如何与人进行交流，或在交流过程中如何才能吸引别人的注意。

多让孩子到外面走走，在公众场合与人交流，旅行时与外界进行沟通；或让孩子有机会与同学或老师单独交谈，自己处理自己的事情。

8 ~ 12 岁

在这个阶段，孩子有了自己的朋友圈，有了自己的主观意识，有时会与朋友闹矛盾，有时又有很多"鬼点子"需要与朋友分享。

此时，家长应当关注孩子对他人的关怀。例如，经常让孩子换位思考，努力去了解别人的感受，使孩子认识到人与人之间的互动。只有充分考虑到别人的感受，才能更好地交朋友。

这个阶段的孩子是需要许多情感方面的训练的。家长可以训练孩子正确使用眼神交流（eye-contact），不同的社交场合用不同的方法去应对和处理，以及在说每一句话之前都要经过大脑的思考。重要的是，要训练孩子对于社交方面的意识，有意识地改善孩子的社交行为。

13 ～ 16 岁

到了青春期阶段，孩子比较叛逆，常常不愿意与长辈有过多的交流。

其实不必担心，在这个阶段仍然有一些训练孩子社交能力的方法。

首先，可以用场景训练的方式与孩子分享和讨论，在一些特殊场合的时候，孩子该如何处理和控制自己的情绪。家长可以先介绍一个场景，比如某某同学问他借东西，但他并不愿意把自己的东西借给别人，而那个同学非常生气，如果你是这个人你该如何解决这个问题。父母只有经常性地和孩子讨论各种不同的场景，以及商讨解决之道，才会让孩子懂得如何更好地处理人际关系。

另外，还可以做一些小游戏。比如记名字的游戏。父母拿来一张照片，上面可能有十多个父母的朋友，父母告诉孩子每个人的名字。然后过几分钟，让孩子去猜所有人的名字。同样办法也可以用在孩子的新班级，或新认识的一群朋友中，让孩子通过记人名去增进人际关系和友谊。

17 ~ 19 岁

孩子到了即将成人的阶段，更需要有一些社交方面的技巧。很多人可能在读高中期间为了学业而忽略了其他方面能力的培养。

此时，父母应当鼓励孩子多参加一些社团活动或社交性的比赛。在参加活动的过程中，让孩子学会如何与人相处，与人合作。这些活动最好是需要团队配合的比赛，比如团队的发明制作比赛、辩论赛或者团队的文艺体育比赛。在此过程中，孩子有更多机会接触到其他人，可以锻炼他们的领导与社交才能。

总而言之，人是社交的动物，社交能力将影响孩子的一生。父母应该从小就重视孩子这方面能力的培养，让孩子成为一个在别人眼中情商很高的人。

"妈妈，我不想去幼儿园"

——教孩子应对陌生环境的恐惧

下午放学的时候，松爸去接小松回家。老师说，你们家孩子今天在幼儿园只说一句话"我要爸爸"，念叨了一整天。于是老师想了个办法，让我们第二天带一张有我们头像的照片。当小松说想爸妈的时候就给他拿在手上看看。

然后我们发现，小松变得更不肯上幼儿园了！好几次送他去幼儿园，到了门口，他就不愿意进门。他说，妈妈，我不想去幼儿园。进了门，他就开始黏着我。倒也不哭，只是不肯让我走，要么让我抱着，要么堵在门口不让我出去。

望着小松泪汪汪的大眼睛，这可怎么办呢？

又过了一阵子，松爸去送孩子。小松还是一样，用这种软磨硬泡卖萌耍赖的处理方式抵抗，还一直喊"我要爸爸"。结果，松爸看到另一个孩子也不爱去幼儿园，在教室里大哭大闹，把玩具扔得满地都是，连老师都很无奈。孩子的妈妈一直板着面孔，走来走去，不知道该怎么办。

不愿上幼儿园，好像是全世界孩子的天性啊。

一、寻找原因

小松在幼儿园待了一年。这一年时间，他大多数时候都是很好的，非常喜欢这个幼儿园。而且他在这里交到了他人生中的第一个好朋友 Z。在幼儿园里，小松最开心的就是和 Z 一起玩。每次刚到门口，就喊着 Z 的名字冲进去找他。自从有了 Z 之后，他们总是一起玩滑梯，玩沙子，形影不离。

可惜 Z 的妈妈生了第三个孩子之后，就辞职在家专心带小孩。为了节省开支，Z 的妈妈选择不再送 Z 去幼儿园了。就这样，小松在幼儿园没有了好朋友。

不过 Z 的妈妈考虑得很周到，她留给我们一个电话，让我们随时联系他们，带孩子出来 play date。因此孩子们在周末的时候也见过几次面，一起玩耍过。

自从 Z 离开了幼儿园，小松对幼儿园就没了兴趣。原本就不善于交朋友的他，变成了自己一个人玩。

我想，小松突然变得不爱上幼儿园的原因，可能就在这里吧。

但每个孩子都是不同的，不愿意去幼儿园的原因可能千奇百怪。大致总结如下：

→不愿意与父母分开

→对陌生环境感到恐惧

→幼儿园的情况发生了什么变化

→无法适应集体生活

→人际交往受挫折

父母在找到孩子不愿意上幼儿园的原因之后，应改变相应的策略，因为父母的行为对于孩子来说很重要。

二、了解幼儿园

孩子不愿意上幼儿园，如果不是刚开学那一阵子，而是像我儿子一样中途改变的，那就应当亲自去幼儿园了解下情况。

最好花一点时间去幼儿园进行一些观察，观察时，要考察的问题如下：

→幼儿园是否出现了新的老师？新的同学？

→幼儿园的气氛是否变得不太一样？

→孩子在幼儿园如何与人互动沟通？

→可以问问孩子为什么不喜欢去幼儿园。

→考察下幼儿园做得不错的方面。比如哪些地方让你感觉良好。

考察的结果，如果真的是一些老师或幼儿园方面的问题，比如有欺凌或体罚孩子的情况出现。家长应当提高警惕，必要时考虑给孩子换幼儿园。

在对幼儿园有了一个全面的了解之后，如果幼儿园没有问题，就可以开始着手引导孩子了。这个时候可以告诉孩子关于幼儿园一些好的方面，让孩子和自己一起探索幼儿园里好玩的地方。

三、帮孩子处理危机：当生活不能如意

我把这件事当成孩子的一个危机处理，顺便让孩子学会，生活不是总能如愿。

这个时候，家长不应该一切听从孩子的意思，不愿意去就不去幼儿园。而是让孩子了解到，这就是生活，不是所有事情都能像他希望的那样发展。

如果孩子害怕与父母分离，这时家长可以告诉孩子，幼儿园是一个很安全的地方，让孩子放心。然后适当花一些时间在幼儿园附近陪一下孩子，让他没有那么害怕。还可以给孩子带一些小东西，让他觉得安心。

国外幼儿园特别喜欢拿一些父母的照片给孩子看，让孩子得到心理上的慰藉。记得以前给儿子做避险紧急包，里面就要求放上一家人的照片，因为在紧急情况（比如地震）发生的时候，孩子容易受惊吓，需要一些家人照片来给他们安慰。这次也是一样，幼儿园立刻要求我们第二天带一些照片过去给他看。

同时，让孩子知道爸妈和幼儿园的关系也是很密切的，让孩

子了解到爸妈与老师之间的联系。如果他们有需要可以告诉老师，老师会和爸妈沟通处理。

如果孩子不想去幼儿园是因为生活没有按照他们所想的方向进行，家长就可以提醒孩子，哭是没有用的，只会花光所有的力气。家长可以尝试用一些方法先让孩子冷静。可以逗他笑，或者和他一起唱歌。

然后告诉他，其他的孩子也会去幼儿园。这招松爸特别喜欢。当孩子不如意开始大哭大闹的时候，松爸就会问，幼儿园里的小朋友 A 他会哭闹吗？儿子摇摇头。爸爸又问，那 B 会哭闹吗？儿子又摇摇头。全部问过一遍之后，儿子终于知道了，每个小朋友都爱去幼儿园，并且不哭闹。

最后，还可以让孩子了解到，有一些事情是他们可以控制的，这可以让他们找回掌控生活的感觉。比如，我会问孩子，你可以挑放学回家吃饼干还是喝果汁。他会说，吃饼干。然后我会说，好的，如果在幼儿园好好表现，放学后，妈妈给你带一包饼干作为奖励。（果然是吃货的孩子！）

四、人生的考验

其实去幼儿园，对孩子和家长来说，都是一次人生的考验。

因为这是孩子第一次离开父母，独立与他人和环境打交道。

父母可能会有些不舍，但是没办法。有时候我看见小松哭着喊我，然后堵在门口不愿我离开，我也好想说，妈妈也不愿意和你分开。

但不管是对于家长还是孩子，这都是必修的一课。

对于家长来说，要学会放手，学会放松地让孩子自己适应新的环境，学会与小朋友交流。这只是第一次，等孩子渐渐长大，读高中，上大学，以后还会有无数次的"放手"。

对于孩子来说，学会独立，学会如何处理自己的危机，学会当生活不能如愿时如何调整自己，也是人生的一门必修课程。

"妈妈，他们欺负我"
——懂得放手，轻松看待问题

■■

　　四岁的洋洋最近放学回到家，身上经常到处有伤疤。洗澡的时候，洋洋的妈妈发现他伤痕累累，也不知道这些伤是从哪里来的。洋洋也解释不清楚。有一次，洋洋的妈妈去幼儿园接孩子，正好看见一个小男孩在欺负洋洋。他先把洋洋引到一个偏僻的地方，附近没有老师和其他小孩，然后他把洋洋推倒在地，并且把沙子扔在洋洋的身上。还有一次，洋洋的妈妈看见另外一个孩子把洋洋推倒在地，并且踩在他的肚子上，洋洋痛得大哭了起来。

　　三四岁的孩子，回家后无法清晰地表达发生了什么。这时，如果他们在幼儿园被欺负，作为父母要怎么办呢？我想来谈谈一些解决之道。

一、父母的情绪控制

作为父母，看到那样的场景，肯定很心疼，甚至会忍无可忍冲上去批评欺负别人的孩子，或去跟老师投诉，或让老师找孩子的家长说明问题。虽然这些都是解决方法，但是，在这里我想告诉各位家长，你们要告诉自己，这一天迟早会发生。

哪个小孩小时候没有被欺负过呢？这是一个正常的过程，必须让自己的孩子学会保护自己。而希望别的孩子去改变行为是不可靠的做法，最可靠的就是让自己的孩子变得更强。

有段时间，我家孩子也经常被其他孩子欺负，我很气愤地给孩子外婆打电话说了这件事。孩子的外婆（我妈妈）笑着说了我小时候的故事。说我幼儿园的时候，有一次把一个小男孩打出鼻血。男孩的爸爸到了幼儿园很生气，说，是哪个把我儿子打出鼻血的，要找他算账！结果他看见又瘦又小的我，比他儿子还矮半个头。他马上话锋一转，说竟然被这么小的小女孩打了，算了算了，怪自己儿子不够强壮。

这个故事告诉我们，适当地控制情绪很重要。毕竟欺负人的小朋友也不是坏人，只是因为年幼，无法理解自己的行为所带来的危害。因为教育他们需要一些时间，所以最重要的还是要让自己的孩子变得更强。

二、与老师"面对面"

在平复了情绪之后，很多家长必然想到的是，找老师！跟老师说说这件事，让他们引起重视。

作为家长，跟老师的沟通必须要有艺术，不能单方面地责怪老师或学校。一种聪明的做法就是，站在老师的角度，想想办法，该怎么处理才能皆大欢喜。在一次我的孩子被欺负之后，我找到学校，说我希望学校能够重视此事。虽然我也同意让孩子自己去处理同学之间的矛盾，但是对于危害到人身安全的做法，我们要想办法去避免。老师作为在场的唯一的大人，需要对孩子做好监督，以避免此类事情再次发生。最后，我替学校想了一个办法，就是把欺负人的孩子和被欺负的孩子分开。这之后，欺凌事件就很少发生了。也许有的时候，必须替老师考虑，或者和老师商讨一个周全的办法才是解决之道。

三、让孩子变强

事情看似解决，但我们仍然忧心忡忡。如何让孩子变强，的确是个问题。

首先我能想到的，就是多给孩子吃东西补充营养，快点长高长胖。当然，变胖变高变强壮都需要时间。

前不久我在网上看到一篇文章，叫作"别人打你，你就打他"。大意讲的是遇见自己的孩子被别人欺负，必须要教会孩子还手的能力。看了这篇文章，虽然我不太同意以暴制暴的做法，但是，还是同意让孩子变强。面对暴力不要害怕，要教会孩子懂得如何反抗。

反抗的方法有很多种，但不一定是暴力的。

可以试着进行角色扮演的训练。父母可以扮演欺负他的小男孩，让孩子扮演受害者。

家长可以试着推一下孩子，看孩子的反应。如果孩子只是嘴巴上说"不行"！家长可以训练孩子如何进行反抗。例如，在气势上压倒对方，或者将对方推开逃跑，或者请求老师的帮助。家长还可以进行一些训练，告诉孩子遇到某些情况该如何处理，以及如何向老师汇报等。

还有一些家长考虑给孩子报一些跆拳道的兴趣班，也许会有些效果，但是一定要告诉孩子，我们不支持暴力，在该保护自己的时候一定要懂得保护自己！

四、继续观察

在保护孩子方面，家长还是应该扮演最重要的角色，老师不可能时时刻刻关注到每个孩子，其他小孩的行为也是无法控制的。正确的做法应当是，抽时间去幼儿园观察一段时间，看一看发生了什么。通过观察孩子之间玩耍的方式，来教育孩子如何保护自己。

这样的事不仅仅是孩子成长的一部分，也是家长需要学习的一部分。

　　教育孩子，最难的部分就是要懂得放手，学会放松自己，轻松地看待问题。我想对所有遇到同样问题的家长说，Relax！Everything will be OK（放轻松，一切都会好起来的）！

你家有个没礼貌的熊孩子吗

——礼貌是教会孩子考虑他人的感受

▋▋

网上看到一个帖子，说楼主是一个在美国的华人移民，她抱怨说她中国的朋友带了两个孩子到家里玩，然后上蹿下跳，把屋顶都快掀翻了。那个楼主很不好意思地向朋友开口说，你去管管孩子吧。结果她的朋友说，管不了。

带着气愤的心情，这个楼主就写了这个帖子，意思是说，很多来自中国的孩子都被父母宠坏了，没教养。每次熊孩子离开之后，她都要花半天时间把家里打扫干净。

结果此文一出立即引起轩然大波。有的网友认为，这和哪个国家的孩子没关系，关键在于父母的管教。有的网友认为华人也有很多有礼貌的孩子。还有的网友认为，这个帖子的楼主肯定没孩子，有孩子来家里，不是都要做好一定的心理准备吗？如果以后楼主自己当父母，说不定宠溺起孩子来有过之而无不及呢。

这里，我想谈谈对礼貌的定义。

在我们传统的观念里面，礼貌意味着规矩，意味着有一套所谓的礼节需要孩子去遵守。而这套规矩或礼节，在每个国家每种文化里都不一样。这种差异有些很大，有些很小，甚至微乎其微。

在加拿大的 playground（游乐场），孩子可以自由地玩耍，甚至大吼大叫，但是，必须要掌握好一定的限度，这个限度即是加拿大人认为的"礼貌"地玩耍。而这种"礼貌"不是指我们传统意义上理解的安静地玩耍或者不搞破坏，这种"礼貌"，指的是与 playground 其他孩子玩耍时的谦让（take turns），与其他玩伴保持一定距离，避免身体的接触或打闹，以及遵守时间，比如父母说只剩五分钟，我们就要回家了。孩子得听父母的话，玩好就回家，不许大哭大闹等。

在每种文化里，礼貌的定义也不同。有时候，我也很担心自己的孩子是个"没礼貌"的小孩。

小到和叔叔阿姨打招呼，说"你好，再见"等。大到在公众场合是不是注意礼节，会不会让人感觉你的孩子是个"没素质"的小孩。许多时候，我一直在担心，当然也一直不停地教育孩子。现在虽然有点小效果，但是在不同的文化背景下孩子又变得"没礼貌"了。

实际上，礼貌是一种潜移默化的行为。孩子懂不懂礼貌，来自三个因素，即父母的影响、身边的社会和生活环境，以及孩子自身的行为发展。因此，如果孩子被认为"没礼貌"，不能只怪父母，也有可能与他生活的环境有关，甚至是与孩子的生长发育有关。

美国作家 Emily Post 说："Manners are a sensitive awareness

of the feelings of others.If you have that awareness, you have good manners, no matter what fork you use."（礼貌只是在意别人的感受。有这样的触觉，自然就有好的礼貌，与外出用餐时懂得先用哪柄叉子无关。）

该如何正确理解以及培养孩子成为一个有礼貌的人呢？

很多书上说，教育孩子有礼貌就是要教孩子说"你好，谢谢，再见"。如果孩子在餐厅或朋友家吃饭乱跑时，应当教育孩子不要乱跑等。还有让孩子背诵或了解一些规则，比如不随地吐痰等。其实，真正的关于"礼貌"的教育并不是表面功夫，而是让孩子发自内心地变成一个有礼貌的人。

首先，礼貌是一种意识

简单来讲，礼貌是一种意识。这种意识要从小培养。

人是社会的动物，很多时候，我们不得不去接触社会。孩子几个月大的时候，就已经与社会有接触了。比如婴儿与爸爸妈妈的接触，他们开始渐渐明白人是有感觉的，爸妈的感觉和自己的感觉不同，甚至会受到自己的行为或感受的影响。

等孩子渐渐长大，礼貌变成了一种意识。比如说到了公共场所玩，孩子是否会下意识地去注意一些礼节和礼仪，会不会主动跟别人打招呼或者与别人分享东西等。

家长除了提醒孩子有意识地懂礼貌之外，也要注意自己的行为是否对孩子造成了影响。因为孩子会模仿家长的行为，比如有些家长在公众场合大声说话，其实很多时候，孩子也会无意识地做同样的事。

具体的做法是可以与孩子玩一些类似场景模仿的游戏。比如给孩子讲故事的时候，顺便聊一聊在不同的环境下，孩子应该怎样做。

当孩子对每个不同的环境和场景熟悉之后，当孩子真的进入到某个环境，他们自然而然就会知道自己该怎么去做了。

其次，礼貌是一种习惯

有的孩子喜欢模仿大人说脏话。结果说习惯了，自己也出口成"脏"了。除了让孩子学会礼貌用语，家长也需要不断地督促孩子养成有礼貌的习惯。包括吃饭的礼仪，在游乐场玩耍的礼仪。

乐乐今年三岁半，但特别喜欢模仿别人做一些"坏事"。比如说脏话，他学得特别快，在游乐场，只要他看到其他小朋友从很高的地方跳下来，他就跟着去学从很高的地方跳下来。他还喜欢跟年龄大的小朋友学习做"坏事"。比如故意把东西摔在地上，或者把积木丢得到处都是，并且以此为乐。在餐厅也是喜欢模仿大孩子用筷子敲打桌面。长此以往，家长觉得很无奈也无能为力。

其实，家长可以通过奖励的方式让孩子去做出正确的行为。家长可以找一些做出正确示范的孩子给乐乐做榜样，让他学会模仿正确的做法，并给他奖励。比如在游乐场，如果孩子能与其他孩子和谐相处，礼貌地玩耍，到最后准时离开，家长就可以适当给孩子奖励，可以用下次延长在游乐场玩耍的时间或者他最喜欢的食物或玩具作为奖励。

并且家长要时时刻刻注意用这种奖励的方式去引导孩子。只是用一两次，效果并不会特别明显。坚持用一段时间，孩子自然就养成了好的习惯。用奖励的方式教会孩子正确地表现，并养成习惯，是训练孩子变得有礼貌的好方法。

再次，礼貌是一种文化

当到了不同的环境不同的文化下，家长应该先搞清楚该地方的文化和礼仪习惯。

比如在加拿大，有一些基本的礼貌需要注意。首先是时间观念，加拿大人非常注重时间观念，尤其是"准时"被认为是"有礼貌"的典范。对于准时，加拿大人注重到几分钟几秒钟这种程度。以前在上学的时候，迟到会给老师留下不好的印象，甚至每节课都要提前很长时间到场。如果与朋友约会迟到，也是会被认为是不尊重别人的表现。如果遇到塞车迟到一会儿，也应该及时打电话通知对方。准时，就是他们衡量这个人是否有礼貌的标准。

此外，加拿大人还喜欢说 sorry，被别人撞到，不管是不是你的错都要先说 sorry；还有去商场的时候，如果后面有人，先进去的人要帮后面的人扶好门；坐地铁的时候，要让里面的人先出来，搭自动扶梯的时候要站在右边，左边让出通道；等等。这些在日常生活中的"礼仪"都被本地人认为"common sense"，是不需要教的。

其实，在世界上的任何一个地方都一样，都有自己的文化，所谓入乡随俗，就是人要学会适应某个地方。特别是当我们来到陌生的地方或国家，就必须要去查一下该地区有哪些文化礼仪，以免被认为是"没礼貌的"大人或小孩。

最后，礼貌是考虑他人的感受

有礼貌的关键，就是考虑他人的感受。

孩子小的时候常常不会顾及别人的感受，当他们一天天长大，就需要教会他们了解到别人的感觉。

要培养有礼貌的孩子，应当要从教会孩子照顾别人开始。

很多孩子的心里都只有自己，比如玩具是自己的，好吃的也是自己的。因此在家里，家长应该培养孩子与人分享的习惯以及照顾到别人的感受。当有小朋友来家里玩的时候，应该让孩子把玩具跟小朋友分享或者轮流玩玩具，有好吃的零食也应当分给别的小朋友。

总之，在日常生活的训练中，应该让孩子学会了解别人的感受。当孩子看到自己为别人所做的事给别人带来快乐时，孩子会变得更有礼貌更懂事。

别再让孩子对爱情懵懵懂懂
——引导孩子树立正确的爱情观

||

6 岁的小蝶是一个有着"公主梦"的女生。有一天，她回到家对妈妈说："礼拜一记得给我准备一条漂亮的裙子。"妈妈惊讶地说："咋回事？"小蝶说："下周一，我要和班上的杰米结婚了。"妈妈并不觉得特别惊讶。她的女儿从小就对结婚特别感兴趣，有一次妈妈带着她去参加了一个阿姨的婚礼，看见阿姨穿着漂亮的婚纱，她就特别羡慕，回家就对妈妈说："我想结婚！"

虽说孩子还不到恋爱的年纪，但 3~6 岁的孩子已经有了朦胧的性意识。随着孩子性别意识的增强，不管是在幼儿园还是在家里，孩子都会自然而然地开始"角色的扮演"。比如和小伙伴一起玩"结婚"的游戏，女孩子扮演妈妈，男孩子扮演爸爸，还有的小朋友喜欢学大人的穿着打扮和说话方式，虽然这个年纪的孩子还不懂得"结婚"的真正含义，但是他们会说，"妈妈我要结婚"

之类的话。

要如何向孩子解释爱情、婚姻和性呢？

不必担心，家长可以趁这个时机引导孩子树立正确的爱情观。

遇到 4~6 岁孩子说要找男女朋友或要结婚的这类话题时，真的不必太担心。反而要高兴。高兴孩子终于长到了这个阶段，进入正常的发育期了。

这个时候，父母应当让孩子了解到男性与女性的区别，认识自己的身体。最好了解到自己的每个部位对应的名字。

还可以告诉孩子，爱情是一件非常美好的事，表示这个人对你来说很特别，要好好地照顾和爱护。

当然对这么年幼的孩子来说，他们并不懂得如何真正地当男女朋友，也仅限于一起玩耍，一起吃饭，一起牵手，并不会造成什么特别大的影响。因此大人尽可以放心。

同时，大人应当尽量尊重孩子的隐私，不在别人面前说关于孩子男女朋友方面的"私事"，避免尴尬。有机会，应当经常 check（检查）孩子的感受。比如可以经常询问，和他 / 她在一起玩感到快乐吗？今天玩了些什么？有哪些不愉快的地方？等等。

首先，告诉孩子男女朋友的正确含义

年幼的孩子都喜欢模仿。有的喜欢模仿电视剧里的明星，有的喜欢模仿大人。

其实大人可以趁机向孩子解释，什么是男女朋友，什么是结婚，甚至小婴儿是怎么来的。这些在国外都属于性教育课程的范围。

可以通过看电视或讲故事告诉孩子两性关系。当然，如果父母不知道如何讲故事，就可以简单地从网上下载两性儿童科普动画片给孩子观看。同时父母本身就是一个模范，告诉孩子爸爸妈妈是怎么在一起的，为什么会结婚，为什么会有了你。

早一点让孩子认知两性关系，实际是一件进步的事。

早期的性教育，可以让孩子有意识地去保护自己，并且伴随孩子的身体发育，可以使孩子一步步地成长为一个健康的人。

其次，认可孩子的关系

在学龄前孩子提到自己有男女朋友的时候，不同的父母通常会有不同的做法。有一类父母非常害怕孩子过早提到这方面的事情，因此严厉制止孩子，不应该有这样的想法。而另一类父母却会觉得孩子这么小的年纪说自己有男女朋友非常可爱，完全置之不理。

这两种父母的做法都不是特别的好。

如果严厉制止会让孩子产生心理阴影，觉得交男女朋友是一件可怕的事，对以后找男女朋友也会产生影响。如果置之不理，就无法帮助孩子建立健康正确的爱情观。

那么，父母应该怎么做呢？父母可扮演支持者和引导者的角色。当父母遇到年幼的孩子讨论男女朋友的问题时，首先应该认可孩子的做法，让孩子不会对这件事感到害羞或恐惧。父母可以通过与孩子交谈来表现。比如询问孩子的想法，为什么喜欢他／她？和他／她一起的时候是什么感觉？父母对孩子的认可，是帮助孩子建立自尊心的重要一步。

最后，向孩子解释性行为

5 岁的小女孩文文，回家和妈妈说，自己在幼儿园有三个男朋友，并且和他们亲嘴了。妈妈非常紧张和着急，第二天就去学校跟老师说明情况。她责怪老师没有很好地照顾好自己的孩子，没有正确教育孩子男女不同。回到家，她骂了文文，并且教育文文不能交男朋友，也不能和男孩子亲嘴。

像文文妈妈这样责怪孩子的方式是不对的，更不能教育孩子不能交男朋友。应当告诉孩子，男朋友只能有一个，只有自己感觉最喜欢最特别的那个才能成为自己的男朋友。同时，要告诉孩子，别人对自己身体的接触是有限制的。不管是谁都不能触摸"隐私部位"（家长要提前教育孩子认识自己身体的隐私部位），孩子可以与其他孩子拥抱、牵手、亲脸等，但是不能亲嘴，只能与自己最喜欢的人亲嘴。

对于年幼的孩子来说，不必有太多严格的要求，只要简单设定一些规则就好。比如，你可以选择交不同的男女朋友，但是要注意保护自己，不能让别人碰触隐私部位以及不能随便和别人亲嘴等。

　　总之，向孩子解释爱情、婚姻和性是一件非常迫切的事，而这也往往是很多家长容易忽略的。许多人总以为谈婚论嫁是孩子成年以后的事，甚至到孩子真的成年了，父母还是一手包办了孩子的爱情和婚姻。其实，爱情也是需要从小培养的。让孩子有健康的爱情观，才是父母必须要重视的早教课题。

孩子晚一年入学真的不好吗

——年龄比较大，反而有自信

■■

李女士怀上了第一胎，但医生说他的预产期是9月2日。她非常不开心，认为9月2日出生很有可能将来要晚一年入学。于是她请医生提早进行剖宫产，在8月底就将孩子生出来了。

相比国内很多妈妈把孩子赶在9月1日之前剖出来的做法，在国外，据说是很多妈妈憋到9月1日以后才把娃生出来。虽然这样的说法并没有什么事实依据，但在国外，更多的妈妈貌似都希望宝宝能晚一年入学。

我的孩子在七月出生，生完我妈松了一口气说，总算不用晚一年读书了。当时的我并没有理解妈妈的意思。

当小松到了快上小学的年纪，我才开始仔细思考这个问题，孩子晚一年入学真的有这么糟吗？

先给大家讲解下加拿大的学前教育构成。这里的幼儿园又叫作 kindergarten，是小学的一部分，相当于国内的学前班。只有一年。BC 省是当年满 5 岁的孩子就可以上了。因为是属于小学系统，因此公立的学校不需要交学费。而 daycare（日托）一般只是收一岁半到 4 岁的孩子。

这里特别强调下，加拿大的 daycare（日托），不像国内的幼儿园那样分成小班、中班和大班。在这边，有的学校是 1 ~ 2 岁的孩子一个班，3 ~ 4 岁的孩子一个班，甚至有的日托 1 ~ 4 岁的孩子都待在一个班。因此，你会发现，这里的日托班，一个班大大小小各种年龄的孩子都有。就我们小松上幼儿园的经历来看，年龄的差异在孩子中间非常明显。

我家小松 3 岁上幼儿园的时候，因为是 7 月出生，差不多是幼儿园 3 ~ 4 岁班上最小的孩子了。刚去的时候，他挺不适应的，与别的小朋友没啥交流，语言也讲得不是很好，再加上个头矮小，还经常受大孩子的欺负。我和松爸整天忧心忡忡，每次放学回来，都先检查身体有没有受伤，因为年龄比较小，问他有没有被别人欺负，他也说不出个所以然来。

班上有一个块头比较大的小男孩，特别喜欢欺负小同学。光是欺负小松，已经被松爸亲眼看到两回。可怜的小松别说打不过人家，连跑也跑不过人家，跑了几步就被这个大块头男孩给追上了。松爸看在眼里，纠结万分，找老师谈了好几回。老师也无能为力，只能通知这个孩子的家长，尽量将他们分开，以及告诉小松被欺负了要报告给老师和爸妈。我和松爸甚至一度每天狂给小松喂饭，想让他长得膘肥体壮，能够以巨硕的体格吓跑大块头男生。当然，年龄摆在那儿呢，再怎么喂饭，身体也没办法高过那个大块头。

也因为如此，小松曾有一段时间对去幼儿园失去了兴趣。每次我带他进了幼儿园的大门，他就可怜巴巴地拦在门口不让我走。

但是，第二年9月初，我们送小松去幼儿园的时候，他非常爽快地和我们说再见，再也不把我们拦在门口不让我们回去了。取而代之的是，头也不回地带着班上几个比他小的小男孩跑了。

说实话，一开始我还没反应过来，有点不适应，心想：奇怪，小松怎么突然一个月之间就变懂事了？

仔细观察了下幼儿园的同学，我才猛然发现，原来到了第二年九月，之前比较大的一批孩子都上 kindergarten（幼儿园）去了！已经四岁零两个月的小松一下成了这个幼儿园年龄比较大的孩子。现在变成了他带着其他的小同学玩。原来，孩子年纪比较大，真的让他有了更多的自信，与其他小朋友玩也变得快乐起来，参与幼儿园的各种活动也变得积极主动了。

想到我小的时候，我也是早一年入学的。当时，我个头是全班最小的，说话也是全班最小声的，年龄也最小。正因为如此，我变得越来越自卑胆小，然后这自卑胆小的性格就一直笼罩着我的整个小学阶段，甚至也影响到未来上高中读大学，一直都不敢在很多人面前讲话。然而松爸的经历正好相反。他是11月出生，比别人晚了一年读书。当时他读完了幼儿园之后，他爸妈可能希望他晚一年入学吧，就带他去参观了一遍家附近的所有幼儿园，问他愿不愿意再多读一年幼儿园，松爸参观完后发现，幼儿园提供好吃的零食，而小学没有。作为吃货的他毅然决然地选择多读一年幼儿园。

就这样，比别人晚了一年上了小学，松爸成了全班年纪最大的孩子。由于学号是按照出生年月来排的，他的学号一直是班上前五位，常常还是第一个。而且学习成绩也是班上前五位。也因为比别人年纪大，松爸成了班上的老大，小时候经常当班长，呼风唤雨的，非常自信。

　　纵观我们全家的经历，就是一场活生生的实验啊。对于我来说，看了小松过去的经历和现在的表现，我现在还在考虑，是不是让他延后一年再上小学。

　　仔细想想，过去大多认为早一年入学的好处就是让孩子早点开始学习，从而赢在起跑线上。但是，很多时候，孩子在每个年龄阶段都有自身发展的需求和特点，哪个年龄的孩子就该学习哪个年龄应该学的东西。

　　曾经看到一个国内幼儿园老师写的文章，说年纪小的孩子常常在幼儿园比其他孩子更难管理，也更难融入到幼儿园的生活。老师通常都要付出更多的努力和辛勤的工作。但是效果却不一定好。我觉得很有道理。

妈妈的格局

为孩子引入制胜

未来的现代教育

观念、方法

第 四 章

◇

育儿是一场修行

养育观念大升级

我焦虑，因为我想成为好妈妈
——照顾好自己并学会寻求帮助

‖

　　大多数妈妈或多或少都会有这样的焦虑，觉得自己不是一个好妈妈。

　　有的妈妈牺牲了自己所有的时间，全力以赴地带着孩子到处学习，但仍然觉得自己的孩子不够优秀，自己做得还不够好。有的妈妈常常因为孩子做错事而生气责骂孩子，但一生气责骂又觉得对孩子太过于严苛，自己不是一个好妈妈。还有的妈妈，因为平常工作事务繁忙，而忽略了孩子的学业，等到孩子退步的成绩单下来，就开始深深地自责没有尽到一个好妈妈的责任。

　　社交网络、新闻媒体、报纸杂志上经常会出现这样的论述，"你是一个好妈妈吗？"或者"做一个好妈妈才是育儿的关键"。这样的论述更加重了各位母亲的焦虑，并且认为"好妈妈"是她们所追求的终极目标。

　　那么，对于这些焦虑的心理要如何处理呢？

一、学会自我怜惜

美国加州伯克利大学博士克里斯丁奈法（Kristin Neff）利用自怜（Self-Compassion）这个概念而创造了一整套心理治疗方法，以帮助成人尤其是家长减轻压力以及对于自己的自责。

举个简单的例子，有位母亲因为与丈夫感情不和而离婚，离婚后一直独自抚养儿子长大。在整个抚养的过程中，该女士一直深深地自责，认为自己没为孩子提供一个良好温馨的家庭环境。

而奈法博士认为，自怜的方法可以让家长站在朋友的角度重新和"自我"交朋友。过去一直觉得自己某方面做得不够或不足，或因为某些原因没能给孩子带来好的环境或学习效果，在这一刻与自己和解。在此过程中，家长们更多的是用爱和包容去理解过去的自己，然后鼓励自己在未来努力对孩子付出自己的爱与引导。

自怜实际上是一个修复的过程。当我们意识到自己做得不够好或者对孩子怀有愧疚的时候，应该重新去修复自己与自己的关系，简单来讲，就是学会原谅自己。

二、大胆地寻求帮助

除此之外，作为母亲，你应该大胆地去寻求别人的帮助，而不应该把育儿的重任扛在自己的肩上。

首先，应当找的是自己的丈夫。毫无疑问，孩子的爸爸在育儿方面扮演着至关重要的角色。虽然目前家庭内部的男女分工仍然是"男主外女主内"，但是越来越多的父亲承担起了照顾孩子的角色。

要想让更多的爸爸参与到亲子育儿的活动中去，首先要改变妈妈们甚至家里的老人们的想法，让他们知道，孩子的爸爸也可以成为育儿高手。并且孩子的爸爸带孩子的能力越强，越有助于孩子的智力开发和成长。当把孩子交给爸爸带的时候，要以100%的信心交给他们，让他们在更多的育儿练习中成为超级奶爸。

除了交给孩子的爸爸带以外，也可以适当寻求家里的长辈与其他人的帮助。在此过程中，最好设定一些规则和界限。

当然，除了人之外，也可以利用一些学习工具、书本或玩具来带孩子，这些育儿工具在陪伴孩子的同时，可以让孩子的身心朝着健康积极的方向发展。

当你把育儿的责任与其他人一起分担的时候，你可以减轻许多压力。

三、做好自己

其实，"好妈妈"是一种社会建构起来的论述，我们不要太在意这套说法才是最能减轻焦虑的做法。要始终相信，每一个妈妈都是好妈妈，不管你做了什么，你对孩子的爱本身就足够让你成为一个最好的妈妈。

不要因为工作繁忙没时间陪伴孩子就觉得自己不够好，因为你花时间去努力经营事业同样为家庭作出了贡献；也不要因为孩子的一两次退步而自责，因为那是孩子自己的问题。

作为一个母亲，不要过多地把自己的期望强加在孩子身上。做好自己，活出自己的精彩就是给孩子最好的榜样。

不完美的妈妈才是最美的。

我们往往忽视父亲的角色

——在西方，照顾孩子是父亲的权利

中国式的育儿方式，往往容易忽略父亲这个至关重要的角色。要谈爸爸，必须要从妈妈的角色说起。

首先，"好妈妈"这个概念本身是由社会建构出来的

朋友圈经常会被"好妈妈"三个字刷屏。

"好妈妈"这个概念本身是由社会建构出来的，是社会赋予了一个妈妈所必须承担的责任。这个概念的提出是为了控制、管理以及引导女性去做出一些行为来符合社会的期待。而这样的区分，实际上是另外一种从意识形态上对妇女的压迫。

我妈妈说，她没有觉得她做一个好妈妈很痛苦呀，她反而觉得很开心。今天我做了一个好妈妈，也并没有觉得是一种压迫呀。

这样的习以为常，让这些好妈妈忘记了成为一个"好妈妈"所经历的痛苦。为了成为"好妈妈"，每一位妈妈都曾经努力地去挑战母乳喂养而不顾自己产后的辛苦恢复；为了成为"好妈妈"，每一位妈妈都把孩子的需求放在第一位而不考虑自己和家人的感受；为了成为"好妈妈"，每一位妈妈都把所有的时间给了孩子而牺牲了自己去工作学习的机会或做自己想做的事。因为她们要面对的，是社会的压力。

同时，中国社会的男女分工非常明显。在"好妈妈"的观念体系下，社会要批判排斥的是"坏妈妈"，因而把不会洗餐盘，不会做饭，不会做家务，不会做好吃的便当，不会陪小孩做功课，甚至不会服侍公婆的女性都当作"坏妈妈"。

其次，在西方，照顾孩子是父亲的权利

现在说说爸爸。

很多人会觉得中西方的爸爸很不一样。比如"绝世好爸"小贝，不仅能照顾好三个儿子，对于唯一的女儿更是百般呵护。他不是只在外面一直抱着女儿，回家还会为了女儿学针线活。

在加拿大，身边好多爸爸也都是自己带孩子的。尤其是我儿子小松的幼儿园，看到的几乎都是清一色的爸爸。小松的幼儿园有早上家长陪伴的时间，每天早上，我都会看到好几个爸爸陪着儿子坐在沙发上读书。读完后，这些爸爸才依依不舍地离开。

作为"非正常"爸爸的一员，松爸也特别喜欢照顾儿子，几

乎是抢着照顾。我不给他照顾，他就跟我生气，他说这是他的权利。然后松爸每天早上叫儿子起床，给儿子吃饭，穿衣服，送儿子上学，去超市给儿子精心挑选食物，放学接儿子回家，陪儿子玩积木，讲故事，然后陪儿子吃饭、洗澡、睡觉。出差旅游时，经常买各种玩具给儿子。真是"一条龙"服务。

其实这跟爸爸是"好爸爸"还是"坏爸爸"无关，因为每一个爸爸都是爱孩子的。每一个爸爸都可以做到这些，只不过常常是家庭、社会或者说国家不允许爸爸这样做。所以我给"非正常"加上了引号。

相对于爸爸来说，社会赋予"父亲"的角色不像妈妈一样。所谓的"好爸爸"这一说法，大多时候强调的是"把赚来的钱给太太和孩子"之类。这样爸爸就被社会定位成了在外面打拼的角色。即使这位爸爸很喜欢带孩子很喜欢跟自己的小孩在一起，也会被认为是"不务正业"。因为带孩子的事是妈妈（甚至是爷爷奶奶）的事，爸爸需要操心的是如何赚钱养孩子。

这一套逻辑进一步强化了"牺牲"这个概念。性别在家庭中的区分，把本该男女双方必须一起承担的事给扭曲了。导致的结果就是，妈妈带孩子很忙，为家庭"牺牲"了。爸爸出去工作，没有时间陪孩子玩。因为带孩子不是爸爸该做的事。对于"牺牲"的强化，导致爸爸只能去赚钱，爸爸的角色定位变成了一种回报给太太和孩子的责任。

尽管中西方都认为"为家庭付出，照顾家人"是对的。但西方强调的是"权利"，"关爱"与"每个人都是独立的个体"。意思是每个人虽然都有义务要为家庭付出，但同时要保留自己作为家庭成员选择处理家庭事务的权利，比如工作和照顾孩子。

如今，在加拿大，父亲也可以和母亲一样享有同样时间的产假。在孩子出生的那段时间，丈夫会和妻子一起承担同样多的照顾孩子的时间和责任。

在中国，强调更多的是"义务"、"牺牲"，以及"每个人要扮演好在家庭中的角色"。你必须要扮演好这个角色，因为你的家人在为你牺牲。所以每个人在家庭事务上的选择权利受到各方压力，不再是个人的意志能够决定的了。

再次，亲子关系不能凌驾于夫妻关系之上

很多人觉得，做一个"好爸爸"，就是既要能赚钱养家又能花时间陪孩子。很多人常常抱怨父亲陪伴孩子的时间太少。我希望大家可以从夫妻关系的角度去看待这个问题。

前不久看到一则新闻，说国内一对高学历高收入的感情很好的年轻夫妻刚结婚生子不久，就发现孩子得了一种疾病。这个时候，妻子义不容辞地辞掉了高收入的工作，每天带着儿子去全国各大医院治疗。而丈夫则义不容辞地更加努力赚钱。经过五年的治疗，丈夫努力赚来的钱几乎全部用光，而这对夫妻五年内只见过几次面，每次见面也都是讨论孩子的治疗和病情。然后妻子继续奋战在前线，独自挑起带孩子治疗的重任，直到丈夫提出了离婚。对于这位妻子来说，这简直是晴天霹雳。即便如此，为了孩子，她毅然决然地选择了"牺牲自己"。她独自带着孩子离开丈

夫，让丈夫再找一个妻子。

这个故事表面上看起来，是这位妻子做了一个"好妈妈"的典范，一切以孩子为中心，牺牲自己，让人感叹母爱的伟大。而丈夫像是非常无耻的在家庭最困难的时候选择离开。但是各位读者有没有想过，作为母亲，对孩子最好的教育，不仅是自己单方面地付出，而是如何和丈夫一起，共同给孩子营造一个良好的有婚姻基础的幸福家庭。在一个家庭里面，父母都有权利为孩子付出，用自己选择的方式去爱孩子爱家庭。很多妈妈有了孩子之后就不再考虑夫妻的关系，一切都是以孩子为主。如果这位妻子，一开始能够给丈夫一部分带孩子的时间，让丈夫带着孩子去治病，自己和丈夫一起讨论如何给孩子治疗，如何一起赚钱，有着正常的家庭生活和夫妻生活，那么这位丈夫最后可能就不会提出离婚了。

同时，在关心孩子需求的时候，很多妻子往往忽略了丈夫的感受，从来没有想过，丈夫也需要有陪伴孩子的时间。作为自己的爱人，丈夫更需要有妻子陪伴的时间。

很多妈妈觉得孩子的爸爸根本不愿意陪伴孩子，不会带孩子，甚至把孩子的衣服穿得乱七八糟，喂饭也不会，换尿布也不行，只能自己来。然后社会媒体又开始"讨伐"父亲，认为父亲没有做到陪伴孩子。

其实，多让丈夫练习如何带孩子，即使一开始做得不好，也会有变得很好的一天。

美丽的误区
——如何正确看待美，中国传统父母的奇怪逻辑

▌▌

　　过去我小的时候，长辈们有一套奇怪的逻辑。就是孩子小的时候，经常被教育不能过分地打扮自己。怕孩子染上恶习，交上不良朋友，影响学习……总之，化妆打扮等于不专心学习，下一步就离"变坏"不远了。因此年轻的时候，要专心地做一只"丑小鸭"。

　　然后，等孩子上了大学甚至大学毕业找工作的阶段，突然发现，颜值不够，找工作很不容易！然后，家长就开始着急起来了，给孩子买各种化妆品、护肤品、保养品，帮孩子减肥整容，最好立马变成一只"白天鹅"。

　　难怪很多人都可以翻出童年的"丑小鸭"照，和现在可以说是判若两人。

　　安琪对宝宝的颜值要求非常高，还在怀孕的时候她就非常注重

饮食和营养，每天都要看一些高颜值宝宝的照片。据说，这样自己的胎儿会长得好看。此外，她还注重补充维生素C，以及尽量减少黑色素的沉淀和防止皮肤粗糙等。宝宝刚出生的时候，她更是非常注重孩子的头型，找了一大堆专业的书籍对孩子的头型进行调整。孩子再大一点，她更是严格要求孩子，不能吃手指、咬嘴唇，也不能接触"脏"东西，要求孩子从头到脚都是光鲜亮丽的。

也许颜值对一个人的人生可以起到翻天覆地的影响，颜值对一个孩子来说可能很重要。但是，拼颜值，对孩子的成长来说，会带来怎样的影响呢？

一、经济和商业利益

首先，所有拼颜值的比赛，包括选美、模特儿、童星大赛等，背后都是有一套商业目的的。

给孩子报名参加此类比赛的家长可能有两种情况。

一种情况是，家长本身并没有商业目的，抱着望子成龙的期待，想让孩子多多参加此类活动。而活动的组织者可能是以商业利益为目的的。

另一种情况是，家长可能本身也希望孩子为家庭带来某些经济利益。

不管是哪一种，只要搞清楚经济这层关系，就能懂得其中的道理。过早地让孩子参与以经济和商业为目的的各种选秀活动以及表演活动，会让孩子的童年被"金钱"所绑架。

二、不要被"美丽"束缚

我有一次给小松买了一件很漂亮很贵的衣服。然后穿上之后，他直接在地上打滚，被我骂了一顿，结果他就哭了。

这让我想到朱德庸的一幅漫画，小女孩穿着漂亮的衣服，但妈妈不许她到处玩，怕弄脏了衣服，最后小女孩成了妈妈的衣架。

反省之后，我坚决不再给小松买贵的衣服了。每一次去幼儿园回来，小松都像是在泥巴里爬出来的一样。看见小松开心的笑容和脏脏的脸蛋，我发觉这才是孩子原本应该有的最好的样子。

三、美丽的误区

孩子小的时候价值观还没有形成，无论家长说什么都是对的，也并没有太多的辨别是非的能力。

当家长告诉孩子，这是"美的""漂亮的"的时候，孩子就认为这样才漂亮。

其实，审美的标准和观念一直在发生着翻天覆地的变化。过去以胖为美，现在以瘦为美，过去以专家评判的标准为根本，现在以大众的审美观为标准。由此可见，审美观都随着生活和价值观念的变化而发生根本性的改变。

如果孩子在还未长大的时候，就被过多地赋予成人世界的审美观，对孩子的人生观、价值观的形成会造成巨大的影响。换句话说，局限了孩子的思考。

当一个孩子觉得自己漂亮就可以拥有世界上的一切的时候，也许他就可以开始为各种不努力而找借口。明明可以拼颜值，为什么还要拼实力呢？

四、正确看待美

文章开头所说的不允许孩子打扮，以及后面说的从小开始打扮孩子，这两种极端都不是特别正确的做法。

其实，自然就是美。

孩子，不管怎么样，在家长心目中，都是最美的小天使。根本不需要通过打扮或者参加比赛，和别人的孩子一决高下，来证明自己才是最美的。

我认为最珍贵的不是美，而是"不同"。要相信，每个孩子都是不同的，各有各的美。如果把美丽变成一套标准，大家都一样，你有的双眼皮我也有，这样能叫作美吗？

我儿子还是婴儿的时候，我觉得他和其他婴儿比起来并不漂亮，既没有双眼皮，也没有大眼睛，皮肤还黑黑的。结果，第一次去幼儿园，白人老师见到他特别喜欢他，还说，他长得很特别，特别美！因为他有一双灰色眼睛和一头乌黑的头发！

我第一次发现，以前我们觉得外国小朋友蓝眼睛黄头发很可爱，现在我们到了国外，这边的老师觉得我们中国小朋友灰色的眼睛和乌黑的头发特别美。其实真正的美就在于这些"不同"。

来到加拿大之后，我发现这边的人并没有太强调穿衣打扮。但是，不强调并不代表可以邋遢。这里有一套标准，就是干净整洁。孩子去幼儿园，每天必须要换不同的衣服，前一天晚上或者当天早上孩子必须要洗澡。

教孩子学会，让自己每天都干净整齐地出现在幼儿园，是对别人的一种尊重。

孩子的衣服不需要很贵，但必须要干净。每天除了换上新洗好的衣服之外，还要带一套备用的干净的衣裤到幼儿园，随时给孩子换洗用。

加拿大的幼儿园大都强调自然教育，因此每天孩子们的活动就是在沙地泥土里打滚，还有玩颜料涂涂画画，每天回家的时候衣服都脏得要命。但是没关系，衣服和身体脏了都可以洗，洗过了又是干净清爽了，这就是对孩子保持"美"的最好教育。

除了保持干净之外，还要教会孩子把自己"弄脏"。尽情地去玩，不让一套规则（ruling idea）去束缚孩子的天性。国外有一套理论认为，让孩子"变脏"，与泥土、绘画颜料、沙子亲密接触，有助于锻炼孩子的免疫力，帮助培养和提高孩子的"感性"与"感觉"的能力。因此，以后如果孩子把自己的衣服、脸蛋弄脏，千万不要说，这样就不漂亮了。

国外推崇的隔离法真的好吗

—— 如何正确使用"隔离法"

很多人看到国外一个老妈带三个孩子，而且每个孩子看起来还似乎相当乖巧。也没看到这位老妈一直打骂孩子。这是为什么呢？

仔细一问，原来国外的妈咪早就有了一套育儿法宝，即不需要打骂就能让孩子乖乖听话。这个方法叫作 time-out，翻译成中文叫作"隔离法"。

就是当孩子的行为超出界限的时候，家长把孩子带到一个商量好的"隔离地点"，让孩子独处一段时间，好好地自我反省。

这个方法之所以受推崇，是因为这个方法被归类为"管教"，而不是惩罚。

在国外，对于家长打孩子有很严格的限制，一旦发现家长有打骂孩子的行为，孩子就会被政府工作人员带走，家长也会被调查。因此，在不能对孩子进行打骂的大环境下，聪明的外国家长就发明了 time-out 这个既不需要打孩子又能轻松让孩子乖乖听话的方法。

time-out，原意是指在球场上的球员由于犯规被罚下场。在这里的意思是孩子做了错事或者破坏了原来定好的规矩而被关小黑屋。其实这个被关的场地不需要是一个想象中恐怖的小黑屋，也可以是一张凳子、一个墙角，或任何一个开放的地点。

这个方法对于许多家长来说，屡试不爽。到最后孩子只要一听到 time-out，就谈虎色变，吓得要死，最后只好乖乖听话。

那么，这个方法到底好不好？适不适合用在中国孩子身上？如果不用这个方法，还有什么更好的无须打骂就能起到管教孩子的育儿方式呢？

首先，time-out 会伤害孩子吗

time-out 最早出现在 1958 年，一位美国心理学家 Arthur Staats 用了此方法在他 2 岁的女儿身上。当他的女儿一直不停地哭的时候，他把女儿抱到了一个封闭的婴儿床上不让她下来，被关了一会儿之后，女儿就不哭闹了。结果他发现这个方法屡试不爽，后来也用到他儿子身上，而且经过长期的实验后，他成功用这套方法彻底改变了儿子和女儿不好的行为。

这个方法背后的逻辑是，让孩子对于"隔离"产生恐惧的心理，而由这种心理去影响他们的行为。

当然，专家建议 time-out 的时间不能超过 15 分钟，从 5 岁

以上年龄的孩子，年龄每增加一岁，time-out 的时间可以增加一分钟。

然而，最近几年，有科学家指出，这种方法会对孩子的身心造成伤害。虽然短期内能明显见到效果，孩子能够按照大人的指示做出正确的行为，但是长期来看会让孩子产生心理阴影。如果关久了还会让孩子产生暴力倾向，甚至抑郁等心理疾病。尤其对三岁以下的孩子，医生建议绝对不要进行 time-out 式的惩罚。

其次，隔离法适合用在中国孩子身上吗

其实，time-out 这种惩罚方式有点像中国式的罚站。

比如一个妈妈 A 带着 3 岁的儿子到朋友 B 家和他们家 4 岁的女儿玩，没过多久就发现朋友 B 的女儿打了自己的儿子。然后朋友 B 就当场罚女儿站在墙角"面壁思过"，没过多久朋友的女儿就主动承认了错误，并且之后再也没有打 3 岁的小男孩了。

朋友 B 的这种罚站式的惩罚方式类似于 time-out 的方法。

当然也有很多国内的妈妈反映，这种方法得不到切实的实行。原因可能是一开始没有跟孩子定好具体的规则。以及，time-out 的地点和时间上的选择也不是非常好，对孩子起不到威慑的作用。另一方面，有些父母自己都命令不了孩子 time-out，因为自己说话一直没有贯彻执行力，从而导致了失败的 time-out 尝试。

那么，这种方法可以使用在自己的孩子身上吗？如何使用呢？

如果自己的孩子过于难管理，真的没有办法的情况下，可以使用 time-out，在关键时刻帮助训练孩子的行为，但不能过度依赖这种方式。

在使用 time-out 过程中应该注意以下几点：

time-out 应该被更多地用来当成让孩子冷静和反思自己行为的过程，而非单纯地当成一种惩罚方式。即当孩子在面壁的过程中，可以思考自己过错的地方。

time-out 的时间不宜过长。尤其是 3 岁以下的孩子不建议用此方法。稍微大一点的孩子，time-out 的时间也应该控制在 5~10 分钟之间。

第一，尽量用在关键性的错误上面。然后要和孩子说好规则，绝对不能越界。

第二，time-out 结束之后，应该尽量安抚孩子，告诉孩子以后不要再犯同样的错误，并给孩子鼓励。

最后，如果不用 time-out，还有更好的方法吗

其实，time-out 并不是最好的方法。尤其看了大量关于对孩子心理造成影响的报道之后。

我想，作为大人，为什么不换个角度去思考，把惩罚变成奖励呢？

这套奖励的方式也有一个词，叫作 time-in。正好与 time-out对立。

用 time-in 的方法引导孩子做出正确的行为，可以建立起一套奖励机制，一样能够达到效果。

我家松爸最擅长用食物等东西引导孩子去做出正确的行为。比如小松在出门的时候不愿意穿大衣。松爸就会说，你不穿大衣一会儿就没有巧克力牛奶了。听到巧克力牛奶，作为吃货的小松就只好乖乖穿上大衣出门了。

奖励的东西不一定是食物，也可以是孩子喜欢的玩具或者活动等。

这个办法避免了打骂，也不会对孩子心灵造成伤害。我认为是比较不错的一种"管教"方式。可以值得一试。

作为妈妈的你，有没有比这个更好的方法呢?

希望孩子快乐就好

——不是什么都不管，而是要管得更多

▌▌

很多时候，当我问一些妈妈，你对孩子的期待是什么的时候，80% 的家长都脱口而出，我对孩子没什么特别的期待，只希望他们健康快乐就好。然而，在实际操作中，很多父母却往往不能真的让孩子健康快乐，反而常常把"健康快乐"这个愿望从学习中去掉，然后告诉孩子，"你今天辛苦的付出，是为了未来更好地笑到最后"，或者"想要进北大清华或其他名校，不痛苦哪里来的收获"。

事实上，健康和快乐是体现在孩子的日常生活中的，而不是因为某一件事而快乐。或因为某一次的健康营养大餐而获得健康的。这两样东西都是必须依靠循序渐进坚持不懈的方式才能获得。

在国外，健康快乐的童年，被很多人理解为"什么都不做"，让孩子尽情地玩耍。这样的做法会被很多的中国家长认为是浪费时间。很多父母宁愿节省一些孩子玩耍的时间而让孩子去上培训课程。其实，让孩子拥有"快乐"也是需要培养的。不是什么都

不管，而是"管得更多"，但是要管对地方。

一、改变心态，放下对孩子的期待

要想让孩子快乐，先来找找不快乐的根源在哪里。

不快乐的根源某种程度上在于家长压抑孩子情绪和生活的态度。这种态度不仅仅是与孩子沟通和交流上的态度，更是一种隐形的期待。这种期待变成了无形的压力，让孩子深感焦虑和恐惧。

小林的妈妈是一位事业有成的女强人，在朋友圈中是一位标准的既有事业又家庭美满的妈妈。当然小林也没有辜负他妈妈的期望，每次考试都名列前茅。每次在亲朋好友面前，小林的妈妈都夸赞孩子学习能力强，并十分强调自己对孩子"没有什么期待"，"快乐就好"。

然而一旦小林考不好了，虽然妈妈口中不会去特意责怪他，但妈妈的言行中却有一种让人"抬不起头"的感觉。无形中，小林感觉到妈妈因为自己而在朋友同学面前丢脸了。正是有了这样的一种关系，小林产生了巨大的压力。

因此，小林上学的每一天几乎都是在煎熬中度过的，他希望赶快结束这场被各种期待所绑架的考试，让他和他的妈妈不必因为他的一些不好的成绩而过得不愉快。

首先，家长应当放下对孩子的期待。小林和妈妈正因为对考试和分数期待得太多，由此产生了巨大的压力。想让孩子快乐起来，关键是家长的心态要改变。不能是为了别人而活，为了别人而学。而应该是不再比较，不再忽视孩子的努力。有时候，在亲朋好友口中，不再去强调自己对孩子的期待，反而是一种为孩子为自己减压的办法。其次，家长对于孩子的期待，不如放在自己身上，期待自己花更多的时间充实自己，减少对于孩子学习的干涉和束缚。孩子也许有不足的地方，也许有考试失败的地方，但这并不能代表是家长的责任和疏忽。家长做好自己的事，努力提升自己充实自己，才能不把注意力放在孩子的成绩上。当家长转移了注意力，对于孩子的压力也会减少很多。同时也要给孩子一种宽松的环境，允许孩子有失败的机会。最后，所谓管得更多，即是增加对于孩子的鼓励和陪伴，努力改变自己，陪伴孩子度过愉快的课余时间，教会孩子更自主的学习方法，才能更好地管理和改变孩子。

二、改变环境，让育儿变成一场治愈心灵的过程

首先，育儿不是为了让孩子变得更强大学习更多的东西，而是在生活中寻找缺陷和不足，治愈我们与孩子心灵中的伤痕与缺陷。

这样说可能有点抽象，该怎么理解呢？

我们在育儿的时候通常都会变得比较功利，常常希望孩子提高什么方面，就送他们去学什么。就好像很多家长一心扑在孩子

的学业上，而忽略了孩子独立生活能力和自我意识的培养。等到出了国或离开了家，才发现毫无经验并且没办法独立生活。有时候一些家长又认为只要孩子学习优秀能进名校就万事大吉，而忽略了即使名校毕业，缺乏相关的工作能力也会面临失业的尴尬境地。

芳芳从小就在学校名列前茅，而且德智体美劳全面发展。家长觉得非常放心，初中毕业，家长就送孩子去出国深造。没想到，到了国外，老师几乎不会去管孩子的学习计划，也没有人告诉她该朝什么方向去学，去努力，她在学习方面迷失了方向。同时，由于刚到国外，她需要适应的地方很多，一方面，她需要去提高自己的英语能力，另一方面她要学会对生活的自理。当她离开了自己的"舒适区"，她就变得不知所措。国外的学校一般并不非常强调学习成绩，即使她过去的成绩再好，在国外的学校里她的优势也无法凸显。加上语言不能像当地学生一样流利，更增加了她的自卑心理。

如果家长打算送孩子出国，就需要考虑孩子是不是已经"准备好了"。在国内的教育环境下，也许有一些缺陷无法显现，当改变了孩子的生活和学习环境，孩子就可能无法适应。教育的目的，并不是培养孩子考高分上名校，而是要培养一个"完整的人"。遇到这种情况，家长应当从小就注重让孩子适应环境和心理素质的养成。告诉孩子，他们必须要学会拥有更加强大的心理素质去适应各种不同的环境。

其次，育儿，我这里说的是"快乐育儿"，是一场寻找我们自身缺陷的过程，也是寻找解决方法，自我疗愈，认识自我的过程。从一开始就让孩子明白，他们的人生应当由他们自己来支配和决定，当然要告诉孩子，让自己的人生变得特别的同时，必须要正确认识和改正自己各方面的缺陷。比如，可以让孩子从小多参加一些"改变环境"的夏令营活动，而在此过程中需要注意的是，当环境改变时，孩子是否有一些不足和缺陷。

最后，作为大人，我们是他们的支持者和帮助者。我们能做的就是为他们提供一个快乐的环境，在快乐中，寻找人生的缺陷。让学习变得更主动更有效。

三、改变方式，注意身心的结合

虽然快乐是一种心理上的感受，但是我们仍然要注意身体上的健康。只有身心合一，才能真正感到快乐。

很多时候，我们几乎都忽略了孩子正在发育的身体和成长的过程。成长是一个"痛苦"的过程。孩子们在成长的过程中，不断地刷新对自我的认识，这种认识常常忽略了身体的需求，导致了身体健康受到影响。比如减肥，很多青少年由于受到社会环境的影响而进行节食，在此过程中，身体发育受到严重的影响。很多家长并不认为这是错误的做法，反而相当支持，甚至带着孩子去减肥。

聪聪从小就身体不好，上医院是经常的事，妈妈对他的身体是操碎了心。每次感冒，全家人都异常紧张，不知道此次病情又会持续多久，严不严重，会不会更严重。上学以后，学业逐渐变重，家长看到别人的孩子周末可以去兴趣班提高自己，而自己的孩子总是生病在家的时候，着急不已，觉得孩子的学习被身体耽误了。于是只要孩子身体稍微恢复一点，就想送孩子去补习去提高。因此无形中给孩子增加了更大的压力。

在这个案例中，家长对于孩子的身体健康没有很好的认识。当孩子身体不好的时候，当然没办法很好地学习，但是，当孩子的身体稍微恢复，但还没有完全康复的时候，家长应该考虑更多的是如何让孩子彻底恢复身体健康，以保证身体能够长期地可持续地保持健康的状态。相对来说，学习可以变得不重要，毕竟学业只是暂时的，而孩子的身体健康是一辈子的。

另外，关心孩子的心理健康和身体健康同样重要。补充精神食粮和身体上的维生素缺一不可。教育孩子如何减轻压力，提升自我意识，变得更自信有助于帮助孩子在精神上获得快乐。然而，常常带孩子去做体育运动，去户外旅行，做一些有益身心的活动以及及时提供丰富的营养更是有助于让孩子的身体在一个快乐满足的状态下成长。

总而言之，想让孩子快乐，其实没那么容易。作为家长，不要再认为让孩子快乐就是什么都不管，相反，而是管得更多，为孩子创造更好的条件和环境。

"虎妈""猫爸"已经过时，现在流行"海豚妈"
——新型育儿法

▋▋

自从"虎妈"蔡美儿推出了她的书之后，网上就出现了一大堆争论。有的认为"虎妈"的做法太过严苛，有的认为严苛点好，一切都是为了孩子。她的理念可能与大多数"中国式虎妈"的理念相同，那就是吃得苦中苦，方为人上人。

当然也还有"猫爸"，然而，这些育儿做法一出现，就在西方引起极大的辩论。一些人认为"中国式虎妈"的做法非常不近人情，太严苛容易导致孩子对自己失去自信心，这也是社会青少年自杀率居高不下的一个原因。但也有一大批家长认同，认为"虎妈"式的做法符合当前激烈的社会竞争环境。

不管这些辩论如何，加拿大英属哥伦比亚大学的心理学教授，儿童心理医疗中心主任，毕业于哈佛医学院的希米·康（Shimi Kang）发明了一种全新的育儿方法，称为"海豚育儿法"。她出版的书《海豚育儿哲学》（*The Dolphin Way*）一发布，就马上成为加拿大当年最畅销的图书，也得到了 2015 年国际图书奖，还被翻译成了各国语言。

在书中，她主要强调现代社会，父母的育儿方式应当随社会状况的改变而改变。她将过去强调的 IQ 和 EQ 做了整合，提出了一个新的概念 CQ。这个 CQ 指的是：

创意（creativity）

沟通（communication）

合作（collaboration）

批判性思考（critical thinking）

而"海豚模式"则是专门针对培养 CQ 而涉及的新型的育儿方法。

她说："海豚是非常聪明的动物，不仅注重团队合作，还能有效沟通并很快适应环境。像它们这样温和的动物又如何能在弱肉强食的自然界生存下去呢？我女儿告诉我，当它们睡觉的时候，有一只眼睛是睁开的。我恍然大悟，海豚天生具有协调的能力，我们人类也需要在育儿方面取得一些平衡。这也是我为什么选择'海豚'为此育儿方法命名的原因。"

那么在海豚育儿法里面，都强调了哪些重点呢？

一、适应是一种新型的技能

希米认为，我们人类的社会发展太过于快速，未来人们必须要学会如何适应这个社会。

而这个适应是方方面面的。比如刚进到一个新的学校或新的部门，要学会如何把自己从一个陌生的个体变成他们的一部分。又比如我们刚开始学习某一样新东西，要学会如何去适应整个学习的过程。还有交了新朋友，移民去了新的国家，都需要适应。这种适应是一种能力，也是新型的技能，需要我们从小就开始培养。

适应程度的快慢，决定了孩子的学习动机，她本身就一直在研究什么是学习动机。经过十几年的研究和临床经验，她认为学习动机需要靠家长的鼓励和培养，当孩子获得了某些鼓励之后，学习动机就能成倍增长，然后适应性就能提高了。因此，孩子可以自主地进行学习，而无须"虎妈式"的强迫学习了。

二、从玩中学

在研究中，希米发现，很多人并不知道怎么玩。玩，是一种与生俱来的天性。然而，在逐渐的社会化和教育化的过程中，很多孩子渐渐忘记了怎么玩。

她认为，应当让孩子有充分的玩耍过程，并且不能加以干涉。

比如现代的乐高玩具，实际上是一种非常适合开发孩子智力的玩具。然而，很多乐高不再是让孩子自由发挥搭建他们所想象出来的东西，更多的是有一个最终的模型（比如一艘轮船），然后让孩子一步步按照指示来搭建组装，最后虽然都组装成了乐高开发的模型的样子，但孩子的想象力却被限制了。

她提倡应当让孩子自由的玩耍，从玩耍中培养想象力和创造力。

三、关心他人

这里说的关心他人，实际上也是指培养孩子服务社会的意识。

这种意识不是靠书本中的教学获得的。更多的是培养孩子对于社会服务的实践，以及拥有关心他人的品质。

比如父母可以带孩子经常参加一些社区服务的志愿者项目，从小培养孩子对于弱势群体的关注等。而这些关怀已经成了一种趋势。美国常春藤大学的招生标准，也已经从要求孩子有较高的学习成绩转成了考察孩子是否拥有关心他人服务社会的能力。

因此，关心他人一直是非常重要并且必不可少的一项基本的素质，也是未来社会所迫切需要的。

四、孩子也需要休息

希米提出了一个重点，就是要关注孩子的休息时间。她说很多家长往往只单纯关注孩子的学习时间。

她指出，现在很多著名的公司都非常注重员工的休息。有的大公司在办公室提供了许多娱乐项目，有的会定期组织一些瑜伽或冥想班帮助员工更好地获得身心的放松，还有的经常组织各种旅游。这些公司都了解到一个重点，只有让员工在休息时间得到充分的休息，才能更好地工作。

孩子也是一样，孩子在成长时期，更为重要的是休息，每天一定要保证足够的睡眠时间和丰富的营养。同时，也要让孩子有足够的玩耍放松的时间。

充足规律的睡眠、健康的饮食和充分的休息是孩子成长必不可少的保障，也是绝对不能被忽略的关键。

五、坚持原则，保持平衡

最后，希米指出，海豚育儿法最重要的部分就是找到平衡。这种方法既不提倡"虎妈"严苛的管教方式，也不提倡完全放任不管的做法。

她认为家长应当做到权威但不独裁，尊重但不忘管教。

比如就孩子玩电脑一事，如果说"虎妈"式是完全禁止的，与之相对的则是放任不管。这两种方法都不应该。她认为最好的做法是限制但不禁止，可以给予孩子一定的游戏时间。

相信只要把这些理念完美地结合，就能培养出一个优秀的儿女。

对于选择什么样的育儿方式仍然迷茫的你，此刻是否心中更加有谱了呢？

◇

第 五 章

妈妈才是孩子
的起跑线

你以为在拼娃，
其实拼的是自己

好妈妈需要有长远眼光
——有了孩子也别忘自我提升

▍▍

有一位妈妈 CoCo 在国企上班，收入还算不错。工作几年之后生了个孩子，本来是婆婆带的娃，没想到，老公的妹妹也要生产了，婆婆要回去给她女儿带娃。CoCo 自己的父母均在外地，无法帮忙。如果请保姆，那么这些收入就全给了保姆。仔细一盘算，还是打算辞职当全职妈妈。然而做了三年全职妈妈以后，孩子终于可以上幼儿园了，CoCo 考虑要恢复职场生活。她想，找个类似以前的工作应该不是什么难事，于是信心满满地去应聘了。没想到以前很熟悉的业务，突然变得陌生了，应聘第一轮就被刷下去了。这让她很沮丧。之后，她又去应聘了好几个工作岗位，均没有成功。她深深感觉到自己与社会的脱节和业务的退步。

是否再也回不到职场生活了？是否只能永远地当一名全职妈妈？

安娜是一位在温哥华的移民。她有两个孩子，并且是高学历的全职妈妈。自从当了全职妈妈之后，她开始了一项"投资"。就是投资孩子！安娜一个人带着孩子（老公在国内赚钱）在温哥华打拼，练就了一身本事。这些本事包括每天开车送两个孩子上学，周一到周五放学送补习班，周末带两个孩子去游泳或打球。然后每天准备营养饭菜，一日三餐，精心调配。孩子不在家的时候，自己还去参加各种培训，学习亲子育儿理论。除此之外，她还包揽了各种家务修车修房子之类的重体力活。为了让自己和孩子的生活过得更富裕，安娜还利用业余时间做起了代购。抱着"投资孩子"的决心，安娜已经把自己练就成了一名全能型人才。

全职妈妈，到底是投资孩子还是投资自己？

很多妈妈喜欢拼娃，但是拼的方向不对。还记得那位北大妈妈为孩子排得满满的作息时间表吗？我认为，在这个全民大比拼的时候，最重要的不是把孩子的生活排满，而是通过不断的学习，拼自己。只有自己提高了，孩子才能在潜移默化中得到成长，取得进步。

这里说的拼自己，除了家长自我水平的提高，还包括创造良好的家庭氛围，这样有助于培养孩子良好的生活习惯，提高和发掘孩子的学习兴趣，以及培养孩子独立生活的能力和各项才能。

但是，很多家长常常在照顾孩子的时候，忽略了自己，放弃了自己。离开了孩子，我们还剩什么？

我想简单谈谈作为一名家长，如何自我教育、学习和发展。

不要忘记学习

育儿的本质，不过是一场家长的自我修行。

作为一名家长，我们要学习的还有很多。人生就是一个不断学习的过程，千万不要忘记学习，不要认为已经脱离了学校脱离了工作就不需要再学习了。这里说的学习，范围很广，除了狭义上的去读书培训，获得一些专业方面的文凭或更高等级的学位以外，还有广义上的学习。这些学习包括兴趣爱好的培养，生活和专业技能的补充，以及自己创造知识。

像上面案例里面的安娜，她在带孩子的同时，学会了开车，修车子修房子，甚至还做代购赚钱，无形中，已经学习了许多生活和专业技能。因此，在培养孩子的同时，还能不断地提高和发展自己，才是适应现代社会发展的。相对来讲，那位妈妈CoCo，只有三年前的一些工作经验，并没有意识到自身也要不断进步，才会与社会脱节。

只有想办法充实自己，才能更好地理解做父母的意义，才能更好地照顾和培养孩子。

暂时忘记孩子

拼自己拼的是什么？我的理解可能有点独特。我认为，拼自己拼的不是为了孩子付出多少，而是如何忘记孩子，变成一个全新的自己。

很多妈妈都会很紧张自己的孩子，常常担心这个担心那个。于是，就会帮孩子准备好一切。导致的结果就是，孩子一旦离开了妈妈，就无法独立生活，而妈妈离开了孩子，也总觉得生活缺失了什么。

　　其实，当了妈妈之后，最重要的不是孩子，而是重新改造自己，塑造自己，活出人生的意义和精彩。

　　暂时忘记孩子是一个痛苦的过程，有时候必须要有一些取舍。一个简单的办法就是，想一想以后，孩子总有一天会成家立业要离开自己。这个时候，自己会是什么样子？

　　也许，自己的人生规划，本来就不该考虑孩子。

放慢你的脚步

　　说到拼孩子拼爹妈，很多家长会问，我现在拼自己，还来得及吗？

　　不要着急，不仅来得及，还要放慢陪伴孩子的脚步。

　　为什么这么说呢？首先，孩子成长是个缓慢的过程。有很多家长，急于让孩子成才，而不停地督促孩子学习，也督促自己马不停蹄地送孩子去学习。在快速地把知识灌输给孩子的过程中，不知道是不是真的有效。其次，在一个快节奏的生活过程中，家长变得功利，孩子变得浮躁。我们需要适当地静下心来，放慢脚步，来更好地陪伴孩子。

　　有的时候，连我自己都变得很急功近利。好想让孩子一下子就学会这个学会那个。这个时候，我会尝试做一些深呼吸的练习和瑜伽。放慢节奏，想一想当下，珍惜眼前的生活。

这个时候，可以带孩子来一场说走就走的旅行。也可以和孩子一起做一道爱心晚餐。还可以和孩子一起看一部好看的电影。

其实，孩子长大得没有那么快，也挺好。因为过了这个时期，就再也回不到孩子的童年了啊！

可怜天下父母心，在这个拼娃的时候，不要忘记了，其实拼的是自己。

父母的选择，会直接影响到孩子的成长。有的时候，应该停下脚步，想一想，作为父母，我们自己要成为一个什么样的人。我们要如何用自己的方式去教育孩子，最终达到满意的效果。不管是阅读，还是面对孩子说谎、玩电脑等问题，妈妈的做法和应对之策都直接影响孩子的未来。

阅读是一件很有趣的事
——让孩子爱上亲子阅读

很多妈妈都会问，孩子阅读，最早要从几岁开始？

我的回答是，从出生开始。

在国外，很多亲子育儿机构已经把和婴儿一起阅读当成一件非常重要的事。

一次，我带小松去了西雅图附近的一家儿童博物馆。小松一去就跑到了乐高区，结果在乐高区，我看见上面放着两块牌子，主要介绍如何培养孩子的想象力和创造力，下面则是一排推荐的儿童书。也就是说，孩子一边玩积木一边读相关书籍。

然后我顺着一块牌子找到了旁边的一个书架，上面全都是给婴儿阅读的读本。旁边就是超大一块 0 ~ 1 岁孩子的活动区。家长随手可以拿到这些婴儿读本，在这里给宝宝读书。

我深深地感到，从孩子出生起就让他们接触阅读，绝对是赢在了起跑线啊！

下面我将重点介绍下如何做婴儿阅读。

一、大声朗读，增加互动

很多人会问婴儿能听懂吗？给婴儿读书有什么用？

答案是：非常有用。

早期的婴儿阅读，可以刺激婴儿脑部的发育，促进语言能力的发展，以及为宝宝未来的智力发展打下扎实的基础。

人类的宝宝，早在妈妈肚子里 6 个月大的时候，听觉系统就已经形成。因此胎教的时候，适当给孩子听听音乐，会非常有好处！给 0 ~ 6 个月大的婴儿阅读，也是类似的。宝宝主要是以听为主。但有一点点不同，就是要注意和宝宝的互动。互动，不仅能开发孩子的智力，还能与父母增进感情。

对于 0 ~ 6 个月的婴儿，家长可以大声地朗读书中的内容，让孩子充分听见，并且观察孩子的反应。可以以对话的方式和孩子说话，讲故事。

对于 6 个月到 1 岁的婴儿，家长可以配上生动的肢体语言，让孩子一起看一起读，让孩子对阅读产生兴趣。

家长在朗读的时候，可以搭配一些声音律动效果。婴儿喜欢有韵律有节奏的声音，家长可以唱一些简单的儿童歌曲或以拍手打节奏的方式，增加律动和声音的调节，让孩子感到阅读是一件很有趣的事。

二、感官接触和肢体语言

不要小看了小婴儿，他们对于阅读的要求是很高的。因此不是只有声音就够了。

在以听为主的基础上，还有两个重要的部分要注意，那就是让孩子有感官上的接触和增加家长的肢体语言动作。

这两个方面可以让与婴儿的亲子阅读变得与众不同，能够更好地促进孩子的语言和智力的发展。

所谓的让孩子有感官上的接触，可以找一些材质比较柔软的婴儿书，让孩子拿着书，摸一摸，看一看。或者讲到某种东西的时候（比如球），可以拿着玩具球给孩子摸一摸玩一玩，让孩子明显感觉到这个东西的触感，这和单纯听家长的介绍是完全不一样的。另外一个关键就是增加家长的肢体语言，除了面部表情和身体动作之外，最重要的就是手部的动作。家长可以用手指着所说的东西，让孩子看到并更好地理解。家长指着的东西可以是书中的一幅图片、一个字，或者实际上的一个物品。通过手指的方向，让孩子明白家长的意思。

三、坚持每天阅读

婴儿阅读和一般幼儿的亲子阅读一样，也是要坚持的，必须坚持每天给孩子读上一本书，才能达到更好的效果。

如何每天坚持念呢？

其实很简单。选择对的时间就可以念书啦。

最佳时间是孩子清醒的时候和喂奶的时候。在家长给孩子喂奶期间，可以读一本小书，然后孩子吃饱后，可以陪孩子玩一会儿，多接触一些声音、文字、图片，这个时候，孩子学习的能力是最强的。

另外，也可以选择一个好的舒适的地点。家长可以抱着孩子坐在沙发上，家长大声地朗读，吸引孩子的注意。

四、如何选择婴儿书

在选择婴儿书的时候，要注意以下几个方面。

对于 0 ~ 6 个月大的婴儿来说，听力已经发育完善，但视力还在发育。因此书籍的选择要挑有韵律节奏的。比如儿歌、诗歌，然后可以选一些摸起来手感比较独特，听起来又有趣的书，如有动物毛发或有声音音效的书。

对于 6 个月到 1 岁的孩子，可以选择内容简单、色彩鲜艳、图片清晰的书籍。也可以选择一些有互动的书籍，比如翻开来可以找东西的书等。

最后就是选择一些不容易撕碎的书。比如硬壳的或布做的书，都非常适合 0 ~ 1 岁的小 baby。

让孩子和自己沉浸在想象的世界里

——如何进行亲子阅读

‖

在加拿大，很多幼儿园都非常重视从小培养孩子的阅读兴趣和习惯。因此到了小学中学，孩子们自然而然地就喜欢上了阅读。

我家小松上的幼儿园，每天早上都有专门的家长陪读的时间。教室里有很多可以随处坐下来读书的地方，早上到了学校，小松就会自己去选一本书，和他老爸坐在台子上读一会儿。小松平时虽然好动坐不住，但是每当和他说到读故事，他就会欢天喜地地抱一本书过来，很认真地要求爸妈读。这个时候，小松是有耐心的，而且是真心喜欢的。

很多人都知道亲子阅读的好处，比如增进亲子之间的关系，增加孩子的阅读兴趣，培养孩子的语言表达能力等。说起来容易，但做起来真的很难！要如何培养孩子对阅读的兴趣？如何让孩子变得不抗拒读书？如何让他们成为一个很好的读者？这些真的是门学问！

其实，我想说，亲子阅读，"读"已经不再是重点，重点是很多超越"读"的东西。比如在亲子阅读的过程中，让孩子和爸爸妈妈放松地沉浸在想象的世界里。

具体要如何做呢？

一、带孩子去图书馆

我一直认为，真正能培养孩子阅读兴趣的地方就是图书馆。

图书馆，不是只有书这么简单。真正重要的是，有一种读书的气氛。当你看到来这里的所有人都在阅读，你自然而然就被吸引了。孩子也是如此。当他看到这么多小朋友都在读书，他的求知欲就爆发了。

图书馆是周末带孩子去的好地方。我家附近的公共图书馆，有一个很棒的儿童阅读区。儿童阅读区有大量的儿童读物，孩子可以自主选择哪一类是他感兴趣的读物。松爸最爱的事就是带小松来这里阅读。通常松爸会让小松挑几本最有趣的书，他自己也会替孩子找一些他认为好的书。然后就找个角落坐下来，与孩子一本本地读。

就这样，与孩子度过一个愉快的下午并不是什么难事。回家的时候，再带上几本好书，可以在家读好几个礼拜。等到下次来还书的时候，又可以在图书馆坐下来读一读玩一玩，还可以重新挑选一批书带走。

图书馆是个大资源库，应该好好利用。尤其节假日的时候，图书馆里还会有很多亲子活动，可以多多参与。即使活动和阅读无关，但物以类聚，来此的家长孩子肯定都是志同道合之士。时间久了，孩子对阅读的兴趣也就产生了。

二、时间的选择可以随机

之前看过很多关于亲子阅读的文章，都认为，亲子阅读最好有固定时间，尤其在晚上睡觉之前，读一读书，可以让孩子养成良好的阅读习惯。就我自己的经验来看，我反而不这么认为。我认为亲子阅读是一件很随性的事情，应该是随时随地都可以读，并且，正是因为时间不固定，让孩子不会产生"仪式感"，阅读就变得更简单和平易近人。

通常，我喜欢随时抽出一本书和小松一起读起来。有时候，会带到餐厅，等上菜的时候，给孩子讲个故事。有时候，下午放学回家，没事就读几本书。

总之，让孩子觉得阅读不是什么了不起的难事，就和吃饭睡觉玩玩具一样，是每天的日常生活。

有了这个观念之后，孩子更容易养成阅读的习惯。每次和小松提到 reading 的时候，他都是很积极地去找书来让我和他一起读。

三、亲子阅读不是"读"

可能很多家长还搞不懂，要如何"读"故事给孩子听。

有的家长喜欢一字一句地按照书上的内容完全念出来。

也有的家长喜欢一边讲故事，一边不停提问，比如：告诉妈妈这个故事讲了一个什么道理？这些好朋友最后为什么在一起了？

这两种读法，都会让孩子对阅读产生抗拒。第一种读书式的读法，会让孩子觉得阅读是一件索然无味的事。换一个角度思考，当我们自己在中学时代被逼晨读的时候，我们也只是机械地在读"字"而不是读"书"，对读书变得没兴趣。孩子也是一样，一字一句地读出来，对他们来说不会有什么吸引力。

第二种提问式的读法，虽然可以刺激孩子思考，逼他们沉浸在书本的内容里，但是，会让孩子心生恐惧，好像要面临考试。每一次阅读，爸妈如果不停提问，就会让他们感到紧张，不能放松。

阅读，最重要的是放松，要让孩子和家长都能享受在一起阅读的休闲时光才是亲子阅读的真谛。只有放松，才能做到更好地阅读。

亲子阅读最主要的方法就是看图说话。孩子不管年纪大小，对于图片的兴趣都要大于文字。这也是为什么绘本会深受孩子喜爱的原因。谁家的孩子都一样，叫他看书，其实就是看图。这个时候，大人不应该强迫孩子去看书本上的字，而是顺着他的兴趣，来一场"看图说话"。

你会发现很多书上根本没有字，有些是有一大张图，只有一小行字。这个时候，千万不要读完一句话就马上翻页。作为孩子，最需要的是慢慢地去理解这一页的故事，他们需要一点时间。

这一点松爸做得很好，他有独特的一套编造故事的能力。每次翻到一张很无聊的图，他总能衍生出好多有趣的故事，光是那一页就得讲好久。然后配合各种"声效"（松爸能自己模仿各种叫声，发出奇怪的声音），引得小松哈哈大笑。这时候，书上的剧情已经不再重要，重要的是，松爸编出了一些独一无二的故事配合书中的剧情，让小松去想象一些奇怪的场景和情节，吸引孩子的兴趣，甚至和孩子一起编故事。

很多家长可能觉得阅读的重点不就是让孩子学习生活中的道理吗？其实，阅读并不一定要让孩子学习道理。如果每次讲完一个故事，必须要让孩子了解到书中的道理，或者总是要学到什么，有了这样的目的性，阅读就变得不再单纯，就不再是一件放松和开心的事了。

我家的阅读理念，单纯只有两个字：好玩。

孩子不需要学习到什么人生道理，阅读就是简单的一件很好玩的事，比如松爸看到书上一只受伤的小猫，松爸就会模仿小猫的语气说"Oh，No！"然后发出各种惨叫，这时小松也开始模仿了，然后两人就哈哈大笑起来。可以说读完之后，小松"什么都没学到"。但这只是表面上看起来。因为通过这样的亲子阅读，第一，亲子之间的关系更近了。第二，小松从此对各种阅读都产生了兴趣。第三，孩子在此过程中培养了创造力和想象力。这难道不就是亲子阅读的目的吗？

都说 0~6 岁是培养孩子各种习惯和兴趣的关键时期，这一时期的阅读是以培养兴趣和想象力为主的。千万不要像上课一样，给孩子讲大道理，让孩子背诵，或者给孩子考试式的提问，这样容易限制孩子阅读能力的发展，造成恶性循环。

四、阅读书籍的选择以孩子的兴趣为主

很多家长会问，那要如何选择绘本给孩子读呢？

在书籍的选择方面，我的理念就是：以孩子兴趣为主。

最主要的还是看孩子自己的兴趣。通常到了图书馆，我们会适当给孩子挑一些比较不错的书，最后让孩子来选几本他最有兴趣的。有时候，也会根据孩子对一些东西的喜爱，而特别挑选他最感兴趣的书。比如，我家小松最喜欢车子，因此以前买的很多绘本都是和车子有关的。这样，小松一看到书，就很有兴趣想读下去。然后我们就以此为契机，开始编造各种关于车子的故事。

此外，从孩子自主挑选的读物，也可以发掘出孩子对其他事物的兴趣。

有一次，我们去逛超市，结果发现小松自己站在书架前，津津有味地读着一本书。过去仔细一看，原来他在看《国家地理杂志》的儿童版，上面有很多星球的图片。

回到家，我们就一起读了关于星球的故事。松爸将每个星球拟人化，然后告诉小松每一个行星的名字。想不到，第二天，小松就可以完整地按照顺序报出每一个行星的名字了。看到他这么

喜爱，松爸又在 YouTube 上找出一些关于星球的儿歌放给他听。听完后，他非常开心，不一会儿，就按照儿歌的调调自说自唱起来了。

有了兴趣，学习就变得更加简单、轻松、愉快了。之后，通过国家地理这本书，小松又对各种自然科学、地理产生兴趣，他对地图、国家、国旗、恐龙、野生动物、火山、龙卷风等各种东西都有浓厚的兴趣。从一本书到另一本书，再到好多不同的知识学科，孩子的兴趣和潜能就轻而易举地被开发出来了。

除了兴趣之外，也可以找一些推荐读物。当然，推荐读物也是要建立在孩子感兴趣的基础上。比如温哥华图书馆会有推荐的儿童喜爱的一百本读物。纽约公共图书馆也有推荐的一百年一百本读物。这些都可以轻松在网上找到，其中包括《夏洛的网》《寻找维尼》等绘本故事。这些百年经典能流传至今一定有它们的道理，相信孩子一定也会对这些故事爱不释手。

亲子阅读不是件容易的事。要想让孩子养成阅读的习惯，首先自己要有阅读的习惯才行。

父母是最好的老师。花点时间陪孩子一起读书，一定会有所回报的！

哇哦！终于迎来了第一次说谎

——通过谎言走进孩子的世界

▌▌

　　早上，我家小松起来感觉无聊就想找玩具玩。这时候他问我："我可以玩 iPad 吗？"我说："你要去问爸爸。"

　　于是他就屁颠屁颠地跑去他老爸的书房，问："爸爸，我可以玩 iPad 吗？"

　　由于书房就在我隔壁，他们的对话我听得一清二楚。松爸说："No。"

　　然后，小松跑回来，我问他说："爸爸怎么说呀？"小松想了一会儿说："爸爸说，Yes！"

　　哇哦！儿子终于迎来了第一次"说谎"！

　　这让我想到了几个月前才看的多伦多大学教育学院最新的研究报告。报告上说，**说谎是孩子的本能，是每一个 3 ～ 4 岁的孩子所必经的阶段，是智力和大脑发育的一个标志性的进步。当你发现你的孩子说谎了，你应该感到高兴，因为这证明了你的孩子**

的头脑发育非常正常。

同时，作为家长，我又隐约地担心：该如何正确地引导孩子对于说谎的认识？是及时阻止、严厉批评，还是适当地加以说明解释不阻止，让孩子自行解决说谎的问题？但自行解决也许解决不了怎么办？

一、保持平常心

小涵刚上小学，但是经常说谎骗自己的爸妈。例如：老师让他回去写的作业，他没有完成，到了学校被老师骂了，却骗爸妈说自己在学校表现很好。直到老师找到他爸妈，他爸爸才知道孩子一直在骗自己，非常生气，回家就一顿臭骂，并且告诉小涵下次再说谎就要挨打了。

很多家长无法接受孩子小小年纪就会说谎。更有一些脾气火爆的家长甚至把孩子毒打一顿，让孩子不敢再说谎。其实，家长教训孩子一顿的效果往往会适得其反。当他想到不管如何都会挨打或挨骂的时候，他们会情不自禁地选择编造一些谎言，减少挨打或挨骂的次数。也有一些家长则会给孩子"贴标签"，常常说孩子是个"小骗子"之类的，也非常不合适。

就像我前面所说的，研究表明，在3~4岁这个年龄段的孩子说谎，都是正常的现象，直到10多岁，孩子说谎的情况会随着年龄的增加而上升。这应该算是一种人类的本能吧。因此，作为家长，保持平常心很重要。

但保持平常心并不意味着要纵容孩子去说谎，而是用一套方法去正确地引导孩子。

二、找找说谎的原因

首先，家长可以寻找一下孩子说谎的原因。

一般说谎的原因分为三大类：

第一类是想象力导致的说谎。

在孩子年幼的时候，孩子的想象力会非常丰富。并且他们自己常常也分不清虚拟还是现实。

比如孩子失手打破了一个盘子。家长会问说：是不是你干的坏事？孩子矢口否认，并且说谎说是小猫干的。

类似于这样的说谎方式，是孩子为了逃避责任，但又不知道如何掩盖，就耍了点小聪明，嫁祸给小猫。对于这样的说谎方式，家长不必特别担心，这是孩子自然发展的一个阶段。

第二类是故意的行为性的说谎。

比如我家小松非常希望玩 iPad，而故意骗我说爸爸同意了。或者有的小孩子自己想玩玩具但却没有这个玩具，就故意骗家长说是老师要求买这种玩具的。类似这样的故意的行为性说谎，是因为小孩希望自己的愿望达成，并且合理化自己的要求。

对于这一类的说谎，家长应当积极与孩子沟通，正确地引导他们提出自己的诉求。

第三类，是为了逃避某种惩罚或者为了得到奖赏的说谎。

这一类也属于本能行为。有科学家做了这样的一组实验，老师把一个孩子带到一个实验室，实验室里有一个关着的盒子（当然实验室装了监控摄像头，孩子是不知道的）。老师说，你如果能猜出盒子里是什么东西，你就能获得这个礼物，但是你绝对不能偷看这个盒子。紧接着，老师接到一通电话，项目组故意让老师出去接电话，以便观察孩子的行为。孩子一开始坐立不安苦思冥想，后来终于禁不住诱惑，偷偷打开盒子看了一眼。这时候老师回来了，老师问，你看了盒子吗？孩子说，没有。结果，参加这个实验的几十个不同年龄段的孩子，除了 2 岁以下的孩子真的不会偷看以外，其他年龄的孩子全部都偷看了。

这个实验告诉我们，孩子说谎是一种本能行为，很多时候，是有目的性的。比如为了得到某种奖赏或逃避某种惩罚。

三、与孩子沟通

先说说对于第二类行为，家长应该如何与孩子进行沟通。

这里我用自己怎么处理小松说谎这件事作为例子吧，也许不是很好，还有很多地方需要改进，但起码，这件事之后，我家小松说谎的次数大大减少，基本上他不再说谎了。

首先我对小松说，说谎不是一件正确的事，不值得去做。然后，我对小松说："你对妈妈说的话，妈妈都愿意相信是真的，因为妈妈认为你是一个不说谎的好孩子。但是呢，如果一旦今天妈妈发现这件事是假的，以后妈妈是不是就不再相信你说的话了呢？"

小松似懂非懂地点点头。我说："OK，你告诉妈妈，爸爸刚才说了同意了吗？"

小松摇摇头。

我说："对，这样才是正确的。妈妈愿意继续相信你的话！来，抱一抱！"

给了小松一个大大的拥抱之后，他就高高兴兴地去玩别的玩具了。

有效的沟通建立在信任的基础上。要让孩子明白我们的"信任"机制，一旦说谎，就会遇到"信用扫地"。其实，未来孩子在社会上立足，不也需要去做一个诚实的人，慢慢地建立自己的"credit"（信用）吗？

四、正确运用奖惩制度

最后，家长可以学着自己用一套奖惩制度。

我们一般不提倡用惩罚的方式对待孩子说谎。尤其是要告诉孩子，如果你说出真话，爸妈不会惩罚你。有了这样的一套机制，孩子懂得如果讲真话，自己不会受伤害，因此他们就敢于讲真话。

此外，应该增加一些奖励的方式。

比如孩子说了真话，家长应当逐步给予一定的奖励。奖励的方式非常多元：可以是家长的亲吻或拥抱，也可以是物质奖励，包括给孩子好吃的好玩的。让孩子知道，如果讲真话不仅不会被批评，还会得到奖励。

这样的一套方法，有效地教育了孩子应当学会说真话，保持诚信。

当然，这个过程中，和家长对待孩子的态度和方式有很大的关系。当孩子说了谎，家长如果非常生气痛心，甚至对孩子破口大骂，站在孩子的角度，心里也会感到气馁。这无法帮助孩子解决说谎的问题，甚至孩子还会因为害怕，继续说谎。

有的家长，常常自己也说点小谎，孩子看在眼里，觉得说谎不是什么大不了的事。因此也需要家长以身作则，给孩子做一个好的榜样。

总而言之，如果孩子说谎，不必担心，也不必自责。把说谎看成和孩子感冒发烧一样，是成长过程中一件正常的事就好。

"爱你，就带你去看恐龙"
——如何带孩子参观博物馆

很多家长喜欢假期带着孩子去博物馆、美术馆、展览馆参观，我也是。带孩子定期去博物馆的好处是可以增加孩子对于科学艺术的兴趣。这几天我去阿尔伯塔省的卡尔加里开会，顺便去自驾旅游，也终于有幸去了一趟八年前蜜月旅行时去过的恐龙谷。不同的是，这次带着四岁的儿子小松一起去。陪小松看恐龙，是他老爸一直以来的心愿。

恐龙谷所在的小镇名字叫作 Drumheller。坐落于卡尔加里的东边，黄石公园的北边（属于加拿大）。

快到达的时候，就看到路边伫立着三个广告牌。第一个显示这个小镇有哪些餐厅。第二个显示这个小镇的游客服务中心及加油站等。第三个显示这个小镇有哪些旅馆。三个牌子已经把小镇的全貌概括了一遍。没错，这就是一个在公路旁边的不起眼的小镇。

越是接近小镇，越是发现周遭地形的独特。小镇坐落在一片山谷中，科学家们在这里发现了大量的恐龙化石，因此这里也叫作恐龙谷。

除了被独特的地形吸引，我们也被路边各种大大小小的"恐龙"吸引了。

今天要参观的是著名的国家级博物馆——皇家泰瑞尔恐龙博物馆（Royal Tyrrell Museum）。这家博物馆据说是世界上收集恐龙化石最齐全的博物馆。

去了好多博物馆的我们，对博物馆的设计和功能还是有一些了解。在加拿大，所有的博物馆除了展示保存的标本以及历史遗迹以外，几乎都有一个同样的目的，那就是教育。这家博物馆也不例外，除了其本身自带的娱乐性和科幻色彩之外，还通过各种不同面向和视角去展现一段历史，并且强调让孩子在互动中学习。

展示区：不同视角展现恐龙的生活年代

进入大门，就会发现一段文字。大意是让观众去了解在几百万年前的地球的模样，让人从多角度去感受恐龙当时生活的年代。这就好比是论文的开头，很好地总结了整个博物馆展示区的核心理念。

相比镇上的假恐龙，里面展示的恐龙就感觉精致多了。这是用科学的方法还原的真实恐龙的样子。

展厅按照不同的年代分成几个不同的区域。

进去之后首先看到的是一段视频，可以教会孩子恐龙生活的几个不同的年代。然后还要小孩子复习一遍，让他们根据不同的年代，将恐龙对号入座。

在每一个区域，都会有当时地球的样子。孩子们可以随意点击来获得恐龙生活和分布的相关地点和信息。

这种互动式的学习，可以吸引孩子们的兴趣，来更好地学习与恐龙相关的知识。

同时，博物馆对所有的标本整理也是一丝不苟的，他们收集了世界上最大的恐龙化石和最完整的恐龙化石，阿尔伯塔省也因此而闻名于世。据说世界上绝大多数的恐龙化石都是在阿尔伯塔省被发现的。

成为考古学家：研究方法与田野作业

由于这是国家提供资助的博物馆，并不是以盈利为目的的。因此不会像一些商业的恐龙博物馆，用一些炫酷的模型来吸引孩子和家长的注意。这里更多的是让孩子了解到，这些化石是怎么来的，让孩子学习什么是科学研究，以此培养孩子成为未来的科学家或考古学家的兴趣。

在通往科学家的道路上，你会先看到他们，这些老一辈的科学家，做出了什么样的贡献。在这里，你不只看到摆放整齐的化石，你还会看到科学家们在烈日下作业，以及这些巨型恐龙化石如何被直升机吊起并运到博物馆的过程。

然后，照片墙还告诉我们，这些化石到了博物馆之后如何被分类整理。下面还写着，你也可以像这些科学家一样，把这些精彩的发现报告给博物馆。

　　这看起来很高大上的工作，是不是普通人也能做呢？这些科学家看起来就像是普通人呀！博物馆在悄悄鼓励人们参与到化石研究与博物馆的建设上来。

　　此外，博物馆还真实地展示了科学家们的工作车间，只用一道玻璃隔开。遇到非节假日，可以现场观看科学家们工作的样子。

从玩中学：孩子们学习的天堂

　　看完了科学家们的工作，不要说小孩子了，就连我这个大人，心里也会对此产生兴趣。觉得要是小时候能来这种地方，长大了一定会当一个伟大的科学家！

　　贴心的博物馆当然也考虑了如何让孩子参与到学习中来，他们提供了各种渠道让孩子去了解科学家们的工作。

　　这里有一个影院，用影像记录了考古发掘工作的现场，让人有一个具体的视觉上的感受。

　　还有在这里，你可以跟恐龙的大腿比一比你有多高。如果是学校带孩子来参观，结束之后还会让孩子创作艺术作品。当然，真正的学习场地是在博物馆外面。相关的工作人员会详细介绍每天举办的不同活动以及各种配套的学习设施。

　　比如这个，不管大人和小孩都可以在此参与一个 1 ~ 3 天的指导挖掘计划。可以在科学家的指导下，选择附近的挖掘场找化石。有可能真的可以找出一块惊天动地的恐龙化石哦！然后就可以名垂千古了。当然也少不了小孩子玩的项目。瞧，我家小松也在松爸的指导下开始寻找化石了，而且挖到的"化石"还可以打包带走。为了奖励小松，松爸还买了一辆恐龙汽车。上车的时候，我问小松，你累了吗？他说，No，I am not tired.I am happy.（我不累，我很快乐）。

松爸终于完成了多年来的心愿，带儿子来看恐龙。

亲爱的小松，长大以后你也会像爸妈一样当一名研究者吗？

游戏这么好玩，千万别被学习耽误了

——正确引导孩子玩游戏

█▌

　　我有一位小学同学，他小时候很调皮，个子小小的总坐在第一排，但头脑很灵活，就爱玩游戏。常常听见老师说什么在街头的游戏机房里被他老妈抓回家写作业之类的事。

　　小男生的世界，我们小女生永远都不会懂的。

　　然后每天看他打打电动，竟然考试也能考得高分。他妈妈也无能为力，只能让他继续玩下去。这一玩就走上了一条"不归路"。在考上上海交大以后，他对游戏的兴趣也凸显出来了。因此他开始自己研发一款网游。没想到，研发出来之后，这款游戏爆红，成了当时国产第一网游。就这样，他大学毕业后就当上了CEO，自己开了一家网游公司。现在已经成了亿万富翁，身边美女如云，已然成为成功人士，是我同学中最杰出的代表。

　　新闻上说，江西某位 12 岁的小学生，每天放学回家就打游戏，后来干脆利用直播平台，每天直播自己打电动，月入 3 万元。收入已经远远超过他老爸老妈了。

　　前 UBC 学生 Kurtis Ling，去年在西雅图举行的 Dota 2 电子游戏竞技大赛上，同 4 名队友一起，赢取了大赛的冠军以及 $ 660 万美元的奖金。Ling 今年 22 岁，他大三时从 UBC 退学，决定做一个专职游戏玩家。他目前是加拿大收入最高的游戏职业玩家。他表示："对我来说，在打游戏上取得成绩，比拿一张毕业证重要。"

　　或许这几个故事说明了一些问题。

　　那么，家长遇到孩子玩游戏的问题该怎么办？

一、游戏有害身体健康

　　有些家长一提到孩子玩游戏，就会火冒三丈。很多孩子瞒着爸妈，偷偷跑到网吧玩游戏，甚至省下吃早餐的钱来支付网吧上网的费用和玩游戏的费用。

　　我认为，从身体健康的角度出发，玩游戏是不应该被鼓励的。首先长时间坐着非常伤身体。其次玩游戏还会导致作息时间紊乱。再次，电脑辐射对皮肤很不好。最后，如果孩子不吃早饭，用早饭钱玩游戏，更是对身体不好。所以从健康的角度来讲，我是坚决反对玩游戏的。

　　作为家长，应该理性地向孩子解释为什么玩游戏会伤身，让孩子知道了玩游戏对身体的危害之后适当地减少打游戏的时间，或人为地控制玩游戏的时间。但是，如果玩游戏是为了娱乐放松，是可以被允许的。对我来说，玩游戏，是为了更好地学习。因为这是一种很好的减压方式。由于学习太久，大脑容易缺氧，我常常借玩游戏去放松调节，让大脑彻底放松和放空，不去思考难缠的理论。

二、游戏也是一种学习的过程

我认为，家长应当了解孩子玩游戏也是一个不断学习的过程。

目前很多款游戏，并不是人们所想象的那样一无是处。很多游戏的内容，甚至比我们现实社会更加健康积极向上。举个最简单的例子，现在很多游戏最倡导互相帮助，团结协作。一个 30 人的团队里如果有一个人没有团队精神，不做好自己的本分，哪怕是出了一点小差错，最终都会导致失败。换句话说，在游戏里，孩子能学会如何与别人合作。玩得更高端一点，还可以学会如何指挥 30 人的团队，布局安排分配每个人的任务。

当然游戏里并不是没有糟粕，也会有各种各样的坏人。自从有了上当受骗的经历之后，我学会了更小心谨慎地保护自己，之后在社会上就不容易被骗了。诸如此类的东西，在学校教育里不常见。孩子到了一定年纪，应该放手让他们自己去闯一闯试一试。游戏就是个小社会。孩子在游戏里也能学习到最有用的社交、为人处世等生活技能。

三、了解孩子的内心

喜欢玩游戏的孩子，并不是像很多人所想的沉迷游戏，不上进，没用等。我觉得最主要的原因是，他们都有一颗孤独而脆弱的心。家长在抱怨孩子沉迷游戏的时候，是否考虑过了解孩子的内心？可以尝试去了解下孩子沉迷电玩的原因。很多时候，原因有好多类。

原因之一：现实压力过大。

一类是因为现实的压力，如来自学校或者家庭的压力，会让他们喘不过气来。繁重的课业和家长的期待，也使他们在现实中得不到满足，甚至还被认为是一个 loser（失败者）。在这种情况下，孩子只能靠玩游戏来证明自己的实力，在游戏中找到众星捧月般的自信。而回到现实，又是看不到希望的未来，这样孩子只会越来越沉迷游戏。对于这样的孩子，家长绝对不能强行让他们戒掉游戏。否则有可能会让孩子走上极端。家长应当更加关心孩子的生活，多找孩子聊天，找一些积极向上的东西引起孩子的兴趣，让他们转移视线，多鼓励，在现实的其他方面帮助孩子找回自信。

原因之二：休闲娱乐。

另一类纯粹是休闲娱乐的原因。孩子的内心是健康的，同时也知道自己应该做什么事。什么时候该学习，什么时候玩游戏，自己能安排规划。如果是这样的情况，孩子有这样的觉悟，家长应该感到高兴，可以尝试放手让孩子自己规划支配业余时间。毕竟未来孩子终有一天将长大成人，离开大人独立生活。提早让他们练习管理自己的时间，是一个很好的教育方法。有一些孩子，在高中的时候被家长管得死死的，一点玩游戏的机会都没有。到了大学，尤其到了国外，再也没有人管了。这个时候，他们会跟刚出笼的小鸟一样开心，玩游戏玩得天昏地暗，饭也不吃觉也不睡，一顿释放的结果就是大学毕不了业，国外也待不下去，还患了一堆肠胃病颈椎病回国治疗。因此，适当让他们玩玩游戏并加以引导，让他们学会自己调节时间，养成学习娱乐两不误的好习惯，是为了长期发展而考虑的。

原因之三：兴趣爱好。

最后一类是很特别的，那就是兴趣爱好。如果今天这个孩子对于玩游戏有非常强烈的兴趣爱好，然后他也明确表示自己在这方面有特别的天赋，以后会想做与游戏有关的职业发展的时候，千万不要加以阻挠。因为有可能孩子会成为一代游戏大师，靠游戏赚钱，成为像我那个同学一样的富豪。

这个时候，家长应该耐心与孩子讨论下关于未来的规划。比如他是否对游戏这个产业有足够的了解，未来想做游戏的哪一方面，他需要做哪些准备。有兴趣的话可以找一些做游戏相关工作的朋友给他认识，让经验人士带着他参观一些游戏公司，最好发展出一套详细的职业规划。早准备早起步，才是真正的赢在起跑线上。想象一下，等孩子同班同学博士读完出来的时候，你家孩子已经是拥有多年工作经验的 CEO，随时大手一挥可以刷掉一批前来申请工作的博士。你就赢了！

游戏电竞行业是一个新兴行业，但是威力不可小觑，每年都以极快的速度扩张。以游戏为主的电竞业发展出许多周边行业，例如直播平台、电竞大赛等，都可以带来无限的商机。如果孩子有这方面的兴趣，将来想做这一行，可以提早进行规划，以免让普通的学校教育耽误了孩子的大好前程。

四、改变观念是关键

说了这么多，最重要的是，家长要改变自己的观念。在现代社会，网络电子游戏已经无处不在，在社会生活中是不可避免的。

作为家长，有时候连自己在业余时间都想玩游戏，又怎能控制不让孩子玩？

因此，玩游戏要适度，更要注意引导。家长今天的正确指导，就是孩子明天成功的希望。

要不要让孩子玩 iPad
——如何控制孩子玩电脑的时间

我家小松很小就喜欢玩 iPad 了。在两岁的时候，都还不怎么会说话的情况下，只要一听到 "iPad" 这个字，他马上就又哭又闹吵着要玩。

后来松爸想了个办法，换了一个暗号，叫作 "荧幕"。

然后每次去餐厅吃饭，上车之前，我和松爸就用暗号接头。

"荧幕带了吗？"

"带了！"

只见松爸鬼鬼祟祟地从衣服里面掏出一个 iPad，低声说："快放进你包里！"

然后我还不放心，补充问一句："有电吗？"

"充好了，满格！"松爸信心十足地说。

"好的，出发了！"

这是一对被 iPad 绑架了的夫妻的日常。

是的，然而，这并没有什么用。

因为没过多久，连"荧幕"他都听懂了。

更夸张的是，他还知道 iPad 藏在哪里，还会自己搜索 iPad 的踪迹，晚上睡觉之前，还提醒我，妈妈，iPad 没电了，要充电！

我的内心几乎是崩溃的！

上网查了下，网上的意见分成两派。

一派是制止派。各种标题，诸如，"孩子玩 iPad 的七宗罪"，"iPad 的坏处有哪些"，"看了这个，你还敢给孩子玩 iPad 吗"……

什么孩子玩了 iPad 以后 700 度近视，影响孩子对其他事物的兴趣，影响孩子的社交活动。

看了这些评论，我还真的不敢给孩子玩 iPad 了！

还有一派是支持派。

支持派大多认为 iPad 有助于开发儿童的智力（不知道为什么，我找到的支持观点都是国外的）。美国的一家研究中心 Joan Ganz Cooney Center 研究得出结论认为，孩子玩 iPad 有助于培养孩子的数学能力、逻辑能力，甚至有助于培养孩子的认知能力、语言能力和社交能力。

但是不管是支持派还是反对派，都达成了一个共识。

那就是，必须控制孩子玩 iPad 的时间。

作为一名心急如焚的家长，我到底要怎么办？

外国专家建议，3~5 岁的孩子每天玩 iPad 的时间控制在 1 小时，6~10 岁的孩子每天时间控制在 2 小时，10 岁以上的酌情考虑。

对于这个控制时间，我自己也很头疼。要如何才能办到呢？

一、转移孩子的注意力

米粒特别喜欢玩 iPad，只要不给他玩，他就会大吵大闹。即使妈妈把 iPad 藏好，他也总能寻出蛛丝马迹找到 iPad。平时只要一看到 iPad，他就开始玩起来，并且变得很乖，妈妈为了让他安静，只能给他 iPad。而且除了 iPad，他对其他玩具都不感兴趣。

遇到这种情况，首先，家长得把 iPad 藏好，远离孩子的视线范围。然后用其他的东西去吸引孩子的注意力。这些其他的东西包括书本、积木、玩具车子或其他玩具。对于其他东西的兴趣是需要一个循序渐进的过程去培养的。比如我家孩子，虽然也喜欢 iPad，但是如果有一段时间没有给他玩，他也知道是不可能得到 iPad 了，他也会对其他玩具开始有兴趣。比如乐高、车子、积木等。

如果能成功转移孩子的视线，玩 iPad 的时间控制还是很好掌握的。现在我们到了餐厅通常先不给他 iPad，先让他吃东西或玩一会儿其他玩具。等到他实在太无聊坐不住受不了的时候，才拿出 iPad 让他玩一会儿。当然时间还是要控制好，并且告诉孩子，只能玩一段时间。这样的做法可以让孩子自己心里有数，最后时间一到，立马收走，孩子也不会因为突然被收走而哭闹。

二、奖惩机制

自从我家实行奖惩机制以来，屡试不爽。

每次对小松说，吃完饭再给你 iPad，他就乖乖去吃饭了。

洗完澡再玩 iPad，他就乖乖去洗澡了。

刷完牙再给你 iPad，他就乖乖去刷牙了。

睡完觉再给你 iPad，他就乖乖去睡觉了……然后，就没有然后了。

孩子的行为总是伴随一种因果关系。在国外叫作 positive reinforcement，也就是奖励机制。孩子做了这件事，他知道会得到奖励，这样他就会一直做下去，直到养成好习惯。而惩罚也是，如果他知道有这个后果，就会想办法避免。但通常，在国外不主张惩罚，因此奖励是可以有的。

三、控制 iPad 里面的内容

其实很大程度上，大人可以控制 iPad 里面的内容。

现在我家小松玩 iPad 基本不玩游戏，也不看动画片。他唯一专注的是，用 iPad 画画。

就一个白板，他就可以画画了。

现在有很多 iPad，画完画还可以添加一些动画，文字和表情，孩子玩得不亦乐乎。

我倒是要庆幸小松没有用蜡笔和水彩把我家的墙壁毁掉。

大人可以适度下载一些有助于孩子学习的 App。比如讲故事，学 ABC，学写字的 App。这些都是孩子很喜欢的。我儿子以前有很多儿歌、颜色和字词都是在 iPad 上学的。在玩中学习，让他进步更快。

四、控制视线距离

我觉得 iPad 对孩子最大的危害就是对视力的影响。这是肯定的，也是我认为玩 iPad 要控制时间的主要原因。

因此一定要想办法控制视线距离。

虽然现在我们也在努力，但是他常常不自觉地就靠近了。

如果可以让孩子了解一些对于保护眼睛的教育，比如让他跟医生交谈，或者给他看一些科普知识的视频或图片，让他们从根本上知道保护眼睛的重要意义，那么他们就会很主动地去尝试保护眼睛了。因此从根本上说，还是应从教育保护视力方面让孩子从心底希望能保护好自己的眼睛。

五、父母以身作则

这一点，很多朋友都很强调。

可是，一到餐厅，父母玩手机孩子玩 iPad，是再正常不过的事了。

其实有时候，大人也要试着不用电子产品，与孩子多多交流。

比如，给孩子讲一讲好玩的故事，或者带个纸和笔给孩子画画，应该效果会更好。

虽然这么说，我自己都做不到，但还是希望有志者事竟成。未来要加强努力和调整！

所以说，作为父母，千万别让 iPad 给绑架了。

第 六 章

◇

界限感

活出自己
就是给孩子最好的教养

和老公划清界限，是为了更好地在一起
——给孩子稳定的家庭环境

很多人觉得，两个人结了婚就是一个家庭了。家庭就是一个共同体，所有东西都必须要合在一起。于是，个体与个体间的界限就变得模糊了。

在国外，虽然大家非常注重家庭生活，到处都是以家为单位，但是对于家庭成员之间的界限却划分得非常清晰。

我发现，界限变得模糊，并不是一件好事。在婚姻中，应该保持一点界限。看似"不近人情"的界限，才是延长婚姻保质期的良药。

下面不谈法律和道德，我们来谈谈平常生活中婚姻的界限吧。

财产的界限

我爸妈这一辈人，喜欢把家里的钱放在一起。一个人负责管卡，然后所有的工资都要"上交"。

然而到了我们这一代，并没有用这样的方式去管理家庭的财产。

我们的办法是，在银行开设一个共同账户。每月定期打入同样多的钱作为共同基金，剩下的钱，各自管理。这样，既有一部分钱属于家庭的开支，剩下的又有属于自己的钱。经济上的独立，很大程度上决定了夫妻关系的平等。

夫妻双方，如果一方赚钱另一方负责花钱，或者一方赚钱另一方负责管理，或者双方一起赚钱但只有一方进行管理，对哪一方都是不公平的。一旦管理失误，或者有一方乱花钱，就会受到另一方的怨恨甚至不满。夫妻感情好的时候可能没什么问题，但一旦出现纷争，就是最难以解决的。因为界限变得越来越模糊，好像把两盘散沙倒在了一起，想要分出来，很难。

一开始我们这样的共同账户，即 AA 式的理财方式，得不到爸妈的理解。爸妈认为既然结了婚是一家人，就不应该分你的我的。

但之后，这种界限分明的理财方式，让我和我老公从来没有因为经济问题吵过架。

我爸妈的态度很快转变了，认为这是非常明智的管理财产的方式。

划清界限，是为了更好地相处。

家庭角色的分配

财产分配的平等，需要平等地分配家庭角色才能实现。

传统的家庭，很多妻子通常负责照顾孩子，甚至辞掉工作在家做全职妈妈。而丈夫通常负责赚钱。这样的家庭分工，注定无法使男女在经济上平等与独立。

所谓的家庭分工的界限，不应该是竖着切割成你负责做家务看孩子，我负责赚钱。而应该横着切，你有 50% 的时间赚钱和照看孩子做家务，我也相应地承担 50% 的时间赚钱和看孩子做家务。

当双方都获得了 50% 的时间去赚钱，50% 时间分担家庭事务，才能实现真正的平等。

女性，之所以常常在家庭中扮演弱势的角色，是因为，很多全职妈妈在家照顾孩子做家务的时间并不被认可。所谓的认可是指真的有人将你的工作时间转化成钱，付给你工资。对于这一点，加拿大有一种奶粉金叫作 Universal Child Benefit（国家儿童福利金）考虑到了。这个奶粉金不是根据你家庭的收入多少给的，而是全民统一价格，因为考虑的是照顾每一个孩子所付出的时间。换句话说，国家至少支付一部分钱，来认可在家做家务照顾孩子所付出的时间。

当然，我知道，原来的家庭分工已经形成，并且运作已久，想要改变真的非常困难。但是，这并不代表做不到。现在越来越多的女性都有自己的工作，平时只需让丈夫承担相应的家务以及花一部分时间一起去照顾孩子，就可以改变家庭分工不对等的局面。

私人空间

除了财务上和家务上，婚后也应该注重保留夫妻双方的私人空间。

虽然结婚代表的是两个人一起生活，白头到老。但是，生活空间上的界限还是需要的。

这个界限，不是划一条"三八线"，你不犯我我不犯你。而是在一种特定的默契之下，对彼此私人空间的尊重和信任。

所谓距离产生美。

适当地保持一点界限感，会无形中增进夫妻的感情。

当然，这是基于双方相互信任的基础上的。

不要过问对方太多的事。留有更多的私人空间，会让婚姻生活变美。

不要觉得很奇怪或不可思议。和老公"划清界限"，其实是为了更好地在一起。

各自有属于自己的空间，却又有属于我们共同的空间，可以轻松地去创造美好。

当中国式家庭遇上西方
——父母要去成年子女家同住怎么办

"

　　我有一个非常优秀的学妹 A，年纪轻轻已经博士毕业拿到了美国某大学助理教授的职位。她小时候随父母移民到温哥华，父母属于非常传统的华人移民第一代，对孩子的教育非常重视，她一直在温哥华接受教育，并以优异的成绩大学毕业。之后博士刚一毕业就凭借努力拿到了美国某大学终身教授职位。这一切，看似都非常顺利。然而有一天，她父母突然提出要把温哥华的房子卖掉，并在美国她的学校附近购置一处房产，同时搬到美国去与她一起居住，顺便可以帮她相亲，以后结婚了，还可以帮她带宝宝……这安排看似也非常不错，然而对于一直在西方长大并接受西式教育的她来说，却是完全不能接受的。

　　另外有个朋友 B，移民来到加拿大后，接受了高等教育，白手起家，自己打拼闯出了一片天地。然后结了婚。就在生孩子的时候，双方的父母都要过来帮忙照顾孩子。刚在加拿大立足开始新生活的她，也没想太多，就让双方父母过来帮忙照顾孩子了。于是双方父母就挤到了同一个屋檐下。没想到，一开始和和睦睦的一家人，就孩子育儿方面的问题产生了严重的分歧。除此以外，生活习惯的差异也间接地导致了家庭矛盾的爆发。

第三个故事是留学生小C的故事，他18岁的时候留学来到了加拿大。在这边读了大学。有一天小C的妈妈来加拿大看望儿子。结果小C说，妈妈，我已经长大了，以后你不用再管我了。小C的妈妈听完儿子的话，很伤心，孩子长大了真的不需要我们了吗？

这三个故事都讲了共同的一件事，那就是中国式家庭的问题。

中国式的家庭有着一种根深蒂固的观念：父母把孩子抚养长大，培养好以后，最终，孩子必须要承担对父母的照顾。换句话说，父母老了住在子女家，帮子女带孩子，那是天经地义的事情。而到了西方，家庭的概念与中国式的非常不同。子女一旦成年，就会脱离父母，自己去社会生活，之后结婚生子，组建自己的家庭，照顾子女的下一代也不再是父母要做的事，而是子女自己必须要去承担照顾孩子的义务。中国喜欢说大家庭（即有父母的家庭）和小家庭（即孩子自己组建的新的家庭），在加拿大却行不通。

在加拿大，孩子的家庭与父母的家庭是两个不同的家庭。而子女的孩子也应该由子女自己照顾，父母不需要再照顾孙子孙女（当然也有西方人的爷爷奶奶来帮忙带孩子的，甚至这样的案例很多，但是基本上，除非是双方自愿，如果有一方不愿意，那么带孩子就应该是晚辈自己的责任）。

问题就出在，很多来这里的移民或留学生，接受了西方的教育和文化，大多数在潜意识里都认为自己已经是独立的个体了，必须靠自己个人的努力去打拼。

然而，当他们独立地在外国立足的时候，突然父母或长辈又要求他们重新回归自己的原生家庭，或者父母要求到子女新组成的家庭去生活的时候，事情就变得难以接受，甚至有很多人不知道该如何向父母解释这一切，也不知道该从何说起。

当然，有很多朋友，他们在与父母相处方面做得非常好。我也听说许多朋友的爸妈来加拿大帮忙带孩子，从而减轻了他们许多负担，他们的家庭也从来没有出现过什么严重的矛盾。

但这篇文章所要说明的是由于父母的原因而造成的家庭矛盾该如何解决。作为父母等老一辈人又该如何看待这件事。同时，这里说的父母都是身体仍然健康的老人，如果是生病需要照顾的老人，那就另当别论了。

分清主次

首先，我想说，就这个问题，应该分清楚，什么是主，什么是次，哪一个家庭才是真正属于你的家庭。

一旦脱离父母，你再组建自己的家庭，那么你就不再属于原来那个家庭了。

西方对于家庭的定义为，丈夫、妻子、孩子，还有小狗小猫什么的。因此，父母是不属于自己的家庭的。

分清楚这一点，就必须要考虑作为家庭成员的对方的立场。不论是自己的丈夫还是妻子，必须要有发言权。

分清楚主次之后，下一步就要了解，如果父母过来住或者过来帮忙带孩子时，谁是主人，谁是客人这个问题了。

昨天有朋友讲了一个故事。故事里一个女的嫁给一个西方人，结果女方的爸妈来他们家住了几个月。其中，女方的爸爸随手从冰箱里拿了一瓶啤酒来喝。结果导致女方老公的不满。女方的爸爸觉得很不理解，我在我女儿家，帮助带孩子，拿瓶啤酒都不可以吗？其实，按照西方人的逻辑，因为父母都属于客人，就好比你到别人家里来做客，你需要喝啤酒，也会问一下主人，可否拿一瓶。了解了这一层逻辑，女方爸爸没有问就去拿啤酒，的确是对别人的不尊重。

还有个故事，有一对移民夫妻都是华人，然后女方的爸妈过来帮忙带孩子。父母过来之后，仍然把这对夫妻当成自己的孩子，然后直接把孩子的家当成了自己的家。父母的一手包办，让女婿觉得很没有地位，最终导致男方生气出走。

我还看到过更夸张的故事，说一个妈妈带着孩子住在温哥华一个小公寓里，然后婆婆要过来小住一阵子。结果由于公寓太小，并没有可以睡觉的房间，于是，只能某一方打地铺。结果，婆婆一来，就要求这位妈妈打地铺，自己和孙子睡床上。这位媳妇只能委屈地睡在地上了。

这样的案例有很多很多，关键在于，除了分清楚主次以外，还应该分清楚谁是主人，谁是客人。其实，既然父母双方到孩子的家里，那么父母就是客人，孩子可以以待客之道招待父母，但父母却不能以主人的身份要求孩子服从自己的要求和意志。

什么是"孝"

其实，很多人会认为，上面这几个案例，如果子女不让父母来家里帮忙照顾，或者媳妇让婆婆打地铺就是不孝。这里我想谈谈什么是孝。

孝顺，被认为是一种传统美德。也正因为是一种传统美德，而从来没有人敢去挑战这个传统。

一提到子女不让父母来住，或者子女让父母睡地板，马上就想到了"不孝"两个字。因此，再为难，也要让父母来住，也要让父母睡主人房，睡大床。

我认为，孝顺应当是建立在一种家庭的制度上的，而不应该成为控制子女，甚至让子女有内疚感而对父母的意愿唯命是从的筹码。

子女与父母达成协议，划清好界限，讨论好制度，然后再去谈孝顺，这才是避免家庭纠纷的最佳途径。这些协议和界限的划分应该事先商讨决定，甚至婚前就应该考虑清楚。

这些需要考虑的问题包括：

未来是否与父母住在一起？

双方父母是否要来帮忙带孩子？带多久？谁来带？你的另一半同意吗？

当父母退休后，该如何安排和照顾双方父母的生活？

关于育儿方面，是否听从父母的意见？如果父母和另一半的意见有分歧该听谁的？

如果父母不能帮忙带孩子，未来夫妻双方该如何安排照顾孩子的事情？

诸如此类的问题，应该大致上谈清楚，定好一套规则，这就相当于立下一个契约。在此基础上，再去谈孝顺等道德层面的事情，会更有助于促进家庭的和睦，让自己与另一半，与父母，甚至与另一半的父母的关系变得更加健康和谐。这样才能更好地尽孝。

所谓的孝顺，是发自内心的对待，当规则定好了之后，如果能按照规则，更好地安排父母的生活，让父母过得开心，才是真正做到了孝顺。

作为长辈该怎么看待

那么作为长辈，该如何看待这个问题呢？

像我们父母这一辈的家长，大都是全身心地在孩子身上投入了很多。但是，当孩子长大成人，离开家庭，甚至组建自己的家庭的时候，作为父母可能一时之间无法适应。他们心里，仍然觉得孩子是自己家的一分子。于是就有了帮忙照顾孩子的孩子，帮孩子打理家里的一切的故事，甚至生活的意义就是为了孩子。

正是这样的想法，无形中给子女造成了极大的压力。这种压力来自一层矛盾，即孩子既要成为一个独立的个人拥有自己的家庭，又无法脱离属于父母的原生家庭，这层矛盾会对孩子本人还有孩子的另一半带来伤害。

不知道是否有人注意到，中国家庭最大的矛盾往往来自婆媳问题。而西方却很少有婆媳矛盾。其实说白了，这是由于家庭结构的不同造成的。

在西方，由于孩子的家庭与父母的家庭是两个不同的家庭，因此，婆婆和媳妇的关系变得非常简单，像客人一样，你来我往。然而到了中国，孩子的小家庭附属于父母的大家庭，甚至很多媳妇与婆婆住在同一个屋檐下，这就难免会产生问题。

作为长辈，我想，应该转变思想，看到孩子是一个独立的个体，将来必须要脱离自己原来的家庭的。然后自己呢，也将是为自己而活的独立个体。从这一层意义上看，长辈应该更多地去关注如何经营自己的家庭，而并非如何去照顾孩子的家庭。因为孩子应该有能力，或者说必须去照顾属于他们自己的家庭。

未来，我可能也会成为一个婆婆。我常常对自己说，我要把孩子培养成一个独立的人，未来他长大以后，能够自食其力，能够娶妻生子，有需要我们帮忙的地方就尽量帮忙，没有的话，我们就过好自己的生活，让孩子自己去打拼吧。

中西方在养老观念上的差异

—— 父母如何处理与孩子的界限感

还记得李安的《推手》吗？电影里的主人公朱老退休后搬到美国与儿子和儿媳同住。面对说英文的洋媳妇以及西化了孙子，朱老开始重新思考以及面对自己的老年危机。

曾几何时，我们还在父母的怀抱中成长。转眼间，我们就要面对过去我们从来没有想过的问题：父母养老。

父母退休后，我们应当如何照顾他们？尤其我们这些身在海外的独生子女，父母在国内无依无靠，未来他们要到国外与我们生活吗，我们要如何解决父母的文化差异与适应？我们又能如何更好地照顾父母的退休生活？

五月，我爸爸就要退休了。五月，也是母亲节到来的日子。父母正式一起过上了退休的生活。

晚上，我和我先生讨论了关于未来的养老计划。可以说，这是每个家庭必须要面对的现实。而我们发现，这个计划表面上看起来很简单，实际上操作起来很难。因为不同的文化观念让我们的想法千差万别。

身处海外的我们，对父母更是牵挂，担心国内父母的身体健康。由于我们工作繁忙，父母只能每年过来探望我们。但是，我们不得不面对父母的养老。

这里我总结下中西方对于养老的观念上的巨大差异。

对家的定义不同

前不久，有位朋友帮父母办加拿大旅游签证遇到个问题。在父母的 family member（家庭成员）一栏，表格上问，你的父母是否有家庭成员在加拿大？这位朋友是家中的独生子，他就想当然地填了"是"。但结果是，他的理解错误。在加拿大，家庭成员指的是夫妻以及未成年的小孩。而这位朋友已经成年，已经不再是他父母的家庭成员了。

这个故事头一次让我发现，原来中国和西方对于"家庭"的概念是如此的不同。在中国，所谓的家庭是指五口之家，爷爷、奶奶、爸爸、妈妈和孩子。中国的家庭，最中间的两个人是父亲和母亲。而在西方，家庭指的是夫妻、未成年的孩子，和猫狗。简单来说，这样的家庭结构的区分会造成很大的影响。

爸妈，不再是我的家庭成员。而我也不再属于爸妈的家。这种对于家庭的区分，会让很多移民感到一种情感上的无法接受和割裂。但是在中国，对于大家和小家的概念，仍然没有较强烈的区分。即使大多数的年轻夫妻已经搬出去住，他们仍然属于大家庭的一分子。

这样的区分，会对父母的养老方式造成巨大的影响。

养老的方式不同

在中国，养老的方式有很多种，但有一种是必需的，那就是钱，俗称养老金。很多人都会未雨绸缪，给自己存一笔钱，以备老时之需。

但是在加拿大，老人的医疗费用完全由政府的医疗保险负担，生活费由政府每月支付养老金，即使过去没有报税记录，也是可以得到一笔基本的养老金的。如果没有房子住，可以住政府提供的老人公寓。如果没有孩子照顾，政府会派社工去上门服务。所有的一切，都可以独立完成。不需要钱，不需要子女。在这样的大环境下，老人的照顾问题得到了解决。每一位老人，即使没有钱和子女，也能享受同样的养老待遇。

在加拿大，你的"养老金"都在一本政府的手册上了。

但是，问题来了，移民的爸妈怎么办?

首先，移民的爸妈不一定有移民身份。政府每年开放给父母的依亲移民名额十分有限，几乎要等上十多年。这种摆明了不希望老人过来加拿大享受福利的政策，让移民一代遇到重重的困难。如果老人在国内生病了，只能请假回去照顾。

其次，担保父母移民需要的是家庭的年收入超过一定数额。

而这个数额跟担保的人数相关。比如，家庭年收入 3 万，可以担保一位老人过来。如果夫妻双方都有父母，要担保四位老人的话，家庭年收入可能要超过 12 万。并不是每一个家庭都有这么高的收入的。尤其是移民家庭，甚至很多移民家庭没有收入，连一位老人都担保不起。在这种情况下，如果父母移民不成，他们未来养老的道路会困难重重。

最后，即使父母担保过来了，由于与过去的生活习惯不同，养老的方式不同，父母可能无法理解西方式的养老方式，与子女的想法不同，问题也可能得不到很好的解决。

传统孝道的理解不同

在孝敬父母的问题上，中西方的差异极大。

在中国，由于受传统儒家思想的影响，孝敬父母被认为是对父母的孝顺与尊敬，子女必须要奉养父母，顺从父母的意志。

而在西方，孝是可有可无的。子女在成年或成婚后就与父母分开居住。虽然彼此关心，但是关系平等。

这种关系是历史与文化造成的，无法改变或者说很难改变。

而移民，介于中西方文化之间。一方面深受传统孝道的影响，另一方面，不得不入乡随俗，在西方运作的养老模式下做出一定的妥协。

比如有些父母来到加拿大之后，不愿意住这边的养老院，认为是子女的不孝顺。但是在加拿大，让父母住养老院，子女去探望，是一件很平常的事。

这层文化的矛盾可能无法妥协。作为移民的子女与深受中国传统文化影响的爸妈，应当如何协调，才是真正考验家庭稳定的时刻。

一碗汤的距离

我有一位朋友，由于生孩子需要家人的照顾，双方父母都轮流来照顾孩子。双方父母来的时候，住在我朋友的家里。我的朋友也认可双方父母的付出，但是最终由于四位老人不同的生活习惯和方式，导致了无法挽回的家庭矛盾。还记得我离开的时候，我的朋友说了一句话，如果早知道会这样，一开始就不应该让爸妈来帮忙照顾孩子。

这让我想到"一碗汤的距离"。说的是，从家里烧好一碗汤，端到父母家还是热的。婆媳丈婿的关系，最好保持一碗汤的距离。与父母的相处，是一种大智慧，是一门艺术。

有一个哲学故事，说的是两只刺猬，靠在一起彼此受伤。当有一天它们都各自往后退了一点，调整了位置之后，才发现既不会被刺痛，又可以挨得很近互相取暖。终于找到了爱的距离。

唯有用心去感受，用聪明的脑袋去思考，才能做出一个最完美的养老计划。

世界上唯一不变的就是变化
——孩子随便换专业真的好吗

■■

换专业，对我来说是一个不小的挑战，也让我多走了很多路。我就是换专业的专业户。

就我自己而言，从小喜欢写作，也喜欢编剧。大学的本科，我选择了戏剧影视文学专业。

我发现，我读了世界上最轻松的本科！进入大学第一天，我老妈先替我拿到课表，她一看上面的课程，羡慕不已，这每天的课不是中国电影，就是外国电影，看完电影，还有中国电视剧和外国电视剧。一个礼拜就只有这三四节电影课，这不是逼我每天看电影嘛！没错，大学四年，我就是每天上课也看下课也看，宿舍就有卫星电视，随时可以收看世界各地各种乱七八糟综艺娱乐文艺偶像浪漫纪录八卦片。然后我就这样愉快地度过了四年。掐指一算，大学四年，其他的记不起来了，倒是看了四百多部电影电视剧。

话说，看完了四百多部电影电视剧的我来到了加拿大，找工作的时候发现，唉，还真的没有适合我的工作！写中文剧本，做中文的媒体，这边没有太大的需求。然后我就选择了英语教育系。过去痛恨英文的我，竟然开始学起了英语教育，还当起了英文老师。这是多么大的落差啊！就这样又阴差阳错地过了三年，我发现英语教学也不适合我。原来我的兴趣在于研究和写作！

就这样，我又走上了研究之路，从此之后，开始和各种理论打交道，并且开始接触各种各样的研究对象。我把我的经历写进了我的学术著作里面，我最大的愿望就是希望能创造一套自己的理论，在学界留下一个小小的名字。

然后我就开始想一个问题，早知道现在走上这条学术之路，如果现在让我重新选择本科的专业，我会选择啥呢？我本科所学到的东西，真的对我来说没用了吗，我的本科是浪费时间吗？为什么很多人现在从事的工作都不是原来大学所学的专业呢？我能给现在正纠结选择专业的孩子和家长什么建议呢？

现在让我重新选择本科的专业，我会选择啥

没错，即使知道现在要走学术这条路，我也不会后悔我本科的专业选择。因为这是我的兴趣所在。并且，过得还很轻松愉快。现在想来，本科阶段是我这辈子最轻松的四年了。也蛮好。在紧张的高考和出国打拼的中间，有四年的青春时光可以用来调整放松，做自己喜欢的事，以后回忆起来，是满满的青春记

忆啊!

可以这么说,我认为,本科的专业,要选自己感兴趣的,即使未来无法在此领域继续就业或发展,也不会后悔,毕竟曾经尝试过,了解过,努力过。本科是人生最美好最宝贵的青春时光,一定要选择自己最想尝试和感兴趣的专业。将来回忆起来,是满满的幸福。

我本科所学到的东西,对我来说真的没用了吗

本科所学的东西,真的没用了吗?这是我常常思考的一个问题。

身边好多朋友,本科所学的专业和现在的工作是风马牛不相及的。比如有个朋友本科学的是工程,现在的工作是教育,还有个朋友国内学的是法律,到了国外做起了计算机软件开发。

对于这些跨学科跨行业很大的朋友,本科所学到的知识真的没用了吗?真的是浪费时间吗?我想,浪费时间,可能吧,可能真的浪费了很多时间。但是本科学到的知识真的没用了吗?其实并不是。

当你花了很多时间学习和你未来专业不相关的知识的时候,这意味着你比未来从事相同职业的人多了他们没有的知识背景。这便成了你的竞争优势。

比如我吧,总觉得本科学的电影电视在这边没有半点用处。结果在简历里无意间提到本科时代拍的几个 DV 小短片,没想到我的导师很有兴趣。我发现我的博导不仅是著名的学者,还是一位

伊朗女性主义电影的导演。这才惊觉，原来这些技能对我的职业发展还是有点帮助的。

为什么很多人从事的工作都不是大学的专业

就这个问题，有两个主要原因：

第一，在读高中期间缺乏人生规划，到了毕业填志愿的时候，才开始纠结要选什么专业。一些学生申请国外的大学，也不知道如何是好。通常很多时候，大家都是通过是否好就业好赚钱，入学条件容易还是难，是否热门/冷门等标准来选择的，因此这些选择便成了一时之选，并不适用于所有人。

第二，可能是父母的决定。有些孩子不仅不能根据自己的兴趣去选择专业，甚至还要被逼"听妈妈的话"。所以好多专业都是父母看见别人家的孩子念了感觉不错，然后与老师商量得出的结果。父母并未真正根据孩子的需要，与孩子进行交流，也没有让孩子自己做决定。因为很多父母仍认为这个年龄的孩子还不懂事，无法做出正确的判断。

我有好多朋友，都是成年之后，才终于能够从事自己喜欢的职业。因为他们本科是为父母念的。过去父母认为读这个专业有前途，孩子也并未反对，就这样念了四年。毕业后发现了更适合自己的专业，于是就放弃了原来的所学。当然也有朋友是在选择专业的时候，自己并未对人生有一个很好的规划，或者说计划赶不上变化，最后被迫从事了另外一种行业。

所以我羡慕那些能够从一而终的朋友，从本科到工作，一直到现在，一直在做同一项职业。当然我没有这方面的经历，不了解这一类的朋友是怎么想的，也说不定这些人也正麻木厌倦着呢，也正考虑换行业呢！

给正纠结选专业的孩子的建议

选专业这事，家长最好不要做主。但是家长可以提出意见，和孩子一起安排人生规划。最后的决定权还是在孩子手上。

要不然，选错了专业，长大后，孩子可能对父母的决定有怨言。

在了解了"选专业是孩子自己的事"这个道理之后，我们来谈谈如何让孩子自己选专业。

我们选一个专业，目光一定要长远，要考虑很多因素。以下几个问题是我总结的，关于选择专业之前必须要思考的问题：

1. 读了这个专业，如果未来我出国了能做什么工作？如果我留在国内能做什么工作？可以适当罗列未来可以从事的职业（国内和国外都需要，即使你现在认为自己不会出国，未来的事谁知道呢？所以一定要考虑全面），看看那些工作的就业以及收入情况如何。

2. 读这个专业，如果到时候找不到工作，我会怎么做？如果我选择换专业，我打算换成什么专业？

3. 如果我打算这个专业一直念到博士，博士毕业，我要干什么？从事什么工作？（注意，要非常具体地规划，甚至你可以当自己现在就已经是该专业的博士毕业生，可以搜索下网上找工作的信息，看看有什么录取要求，自己未来能否达到）

4. 找一位已经从这个专业毕业的学长或学姐，参考他们现在正从事的工作。详细询问就业前景，以及和他们讨论下人生规划。

问了这几个问题，也做出了回答以后，如果你真的认为结果令人满意，那就坚定地走下去。选专业不能道听途说，要真的自己去做过调查研究之后才能得出结论。毕竟，你现在花了一天时间去做这些研究，未来可能节约四年的时间，避免把时间浪费在错误的专业上。虽然如果走了错路，也能学习到一些专业的技能，但毕竟用处不大，和本科就从事相关专业学习的"科班"人士比起来，你可能需要付出更多的努力和花更多的时间。

选对专业很关键。希望聪明的你，可以找到对的专业，然后开心地度过人生中最重要的学习时光。

有一种妈妈叫作陪读妈妈

——陪读妈妈面临的考验

▌▌

第一次见到 S 妈妈的时候，是在市中心的喜来登酒店。S 妈妈穿一身黑色的衣服看起来十分干练。S 妈妈来自杭州，她的儿子今年 14 岁，在温哥华念高中十年级。S 妈妈在国内曾经是两个幼儿园的法人代表，有着多年管理幼儿园以及幼儿教育的经验。但是为了儿子，她毅然地辞去了幼儿园园长的职务。持旅游签证来到加拿大，做起了"陪读妈妈"。

随着越来越多的家长把孩子送到海外留学，"陪读妈妈"在温哥华甚至是加拿大已经是非常普遍的现象。目前至少有超过几千人的陪读妈妈大军在温哥华落脚。很多妈妈都是辞去了自己在国内很好的工作，放弃了国内优渥的生活，来到加拿大陪伴儿女在这边学习，照顾孩子的起居，与孩子一起适应异国的生活。

在征得了 S 妈妈的同意后，下面我来发表一下我对 S 妈妈的采访，希望大家了解并读懂"陪读妈妈"的酸甜苦辣。

采访者：黛西（简称 D）

采访对象：S 妈妈（简称 S）

D：请问您可以介绍下您为什么要来加拿大吗？

S：我主要是陪读嘛，因为我的孩子是男孩，其实是 14 岁左右过来的，身心各方面，包括价值观都不成熟，我想我过来之后就是了解一下他真实的一个状况，在这过程当中，如果他出现一些比方说问题或者困难时，身边有一个人可以去给他做一些支持嘛，因为这样所以过来。

D：那您准备陪他在这边待多久？

S：我打算，一般情况下会是两到三年。

D：这么久！

S：对，初步计划是等他高中毕业。我发现过来之后，不仅仅是生活的照顾，还要关注他心理的变化以及他的个人规划，会同他一起讨论，比方说他大学的专业方向，在课程选择和资源寻找、运用等方面的问题。

D：那您国内的工作呢？就把它辞掉了吗？

S：是的，辞掉了。我在国内是两个幼儿园园长兼书记，因为是公办的，行动上不自由。我又是打算长期陪伴儿子，所以我只能是辞掉了工作。

D：那这不是牺牲很大吗？

S：在别人眼里觉得这样做牺牲很大，其实人一辈子在一种环境里待着会变得按部就班，没有生命的活力。感谢孩子，让我有勇气做这样的选择，这里有我喜欢的生活方式，体验不一样的人生，特别好。

D：您的家人还有您先生支持您这个决定吗？

S：先生和我都觉得这个阶段孩子比较需要我们大人在身边，我们做出一些牺牲也是值得的。

D：那您在这边生活上是怎么安排的呢？

S：我现在是这样的，礼拜二、四参加教育局办的英文学习，周一、三我会和一些陪读妈妈，早上送完孩子就约着走路、跑步。我也会关注一些培训信息，参加比如高中课程选择、大学申请规划等培训。空闲的时间自己也看书、画画，做一些自我素养提升。

D：那你们这些陪读妈妈一起做些什么活动呢？

S：一般就一起健身，聊孩子、聊遇到的问题，寻找解决的方式方法。

D：那些妈妈也是小孩在这边读高中，然后她们在这边陪着？

S：是的，高中生多一些，也有小学就来的。

D：您觉得目前您作为陪读妈妈，扮演一个什么样的角色呢？

S：我是觉得不同的阶段陪伴的角色其实是不一样的。小的时候可能更多的是生活照顾者。现在的这个角色，我觉得可能就是什么呢，让我想想定义一下，就是一个支持者，我觉得孩子过来以后，要适应的东西太多，其实很不容易。他需要一个压力释放的通道。让他知道如果遇到一些问题，可以跟我说，最起码有人能听他倾诉。我觉得更多的是要给他的一个感觉，陪伴不是生活的包办，而是协助他获得生命能量的成长，有能力去面对一切。特别是独立意识的培养，让他清楚凡事不要去依靠别人，要靠他自己的努力。他能够一个人在这边生活，处理各种各样的人际关系或者怎样，他心里都不会害怕，他都能面对，知道应该怎么去做。

D：那您觉得在陪伴的过程中最大的挑战是什么？您觉得最困难的。

S：最大的挑战，最困难的我觉得可能还是他的青春期叛逆的这个阶段，还是会有一些表现。因为我本身也是做教育的，就觉得我有很多的东西是正确的，然后他就觉得不接受。他现在其实也吸收了一些这边的文化，因为一年多了嘛，所以就觉得我们刚开始会有一些争论，会有一些战斗。现在我其实也在不断地做一些调整和反思，然后很努力地想，我这样说，他的接受度会怎样？有时候我就问他，我说妈妈这样说，你觉得你能不能接受？还是我要怎样说，你觉得你比较容易接受，就这样。

D：有没有一个比较具体的例子？比如说一件什么事情上有冲突或者说是他不能接受的？比方说您的观念什么的。

S：比方说手机吧，之前因为他自我的一种管理控制还是比较欠缺。所以上课的时候他会拿出来看，这样。我知道了以后，我就跟他讲，你如果这样的话，这个手机我就直接收掉了，就很强硬。他就觉得那不行，他说我这个手机，其实我是有作用的。他说他需要用手机了解一些资料，即使是上课的时候，他也是很需要手机的。我的意思是说，你上课就不要拿出来，你手机就不要用了，就不要带到学校了，是这样一个意思。他就觉得我不尊重他，不了解他真实的一个状况，然后就做这样的一些决定，后来我也反思，那我说这样，再给你一次机会，就是说你不要让我听见你有玩游戏或者是看其他东西，这样的一种讯息。如果有，那我就是不给你的，你一定要接受这样的结果。我说我现在还是相信你能够做自我这样的控制，能够做判断，上课的时候用这个手机该做什么正确的事。现在手机还是给他用，我就觉得如果单纯地把手机切断了，不给他了，那他的免疫力还是没有的。所以还是得不断地提醒他。

D：当孩子大了以后，比较会有自己的主意，有的时候确实比较难沟通一点。如果孩子让您很生气的话，您会怎么办呢？您如何化解这个很生气的情绪？如何解压？

S：认识我的人都觉得我的脾气非常好，但我在儿子这里就做不到。通常我都会和他好好说，如果他屡次不听，我就会生气，就不停数落他，我也知道这样不好。就在要爆发的时候，我就深呼吸，赶紧离开那个情境。现在我也开始写亲子日记，分析对话中我们各自的想法，会发现自己有时太自我，太主观，没有让他有更多的表达。多听听他讲，有时会发现自己真是小题大做了。他很清楚状况，不需要太唠叨。这样，亲子的关系也在慢慢改善，他也不那么叛逆了。

D：那您要怎么解决？尤其在这边，家人，像先生在国内嘛。那这种情况下，有的时候您没有一个人可以帮助您，就是聊聊天，发泄一下那样的。那您要怎么样减压呢？有没有什么方法可以跟孩子沟通或者是让自己的心情变得舒缓一点？有没有一些你自己的策略？

S：有，在做努力。记得，我刚来那几个月，我和孩子都住在 Homestay，我们两个人住在一个很小的房间里面。他周末玩游戏会很晚，我就不能休息。我很生气，然后我就一个人来到外面，不看着他，离开那个现场，让心情平静下来。然后我就在手机备忘录记录当时的心情，给他发短信，过一会儿然后再回去。其实他也知道妈妈生气了，妈妈不高兴。一般等我再回来的时候，他通常就已经结束，然后就很乖，洗漱好就睡觉了。所以我马上又觉得，刚才对他的一些言语，的确也是太冲动，可能有伤害到他，我也会跟他讲，说，其实妈妈都是希望你能够有健康的身体，有很好的睡眠，你适当控制一点，他说我知道了。

D：对，尤其是在这边特别需要这样的一个支持的框架吧。那您在这边有没有认识一些朋友，跟这边有比较多的互动呢？

S：有的。

D：那你们平时是怎么交流的？有没有分享一些心得什么的？

S：一般是陪读家长一起走路的时候，或是约着喝茶，分享一些孩子的情况。主要包括学业、运动、交往等内容，比如，在哪里培训？培训什么内容？对信息的沟通会比较多。

D：那你们这些家长是怎么认识的？之前您说走路的这些妈妈。

S：主要是上英文课认识的，还有就是微信群。我们这里有一个陪读家长群，群里每天有很多信息。还有就是参加一些培训。比如有亲子课程培训，培训完了大家都写亲子故事和大家分享，这个很好，大家在一起互相探讨，收获很大。因为孩子，陪读妈妈们成了朋友。

D：那您学到什么东西了吗？跟这些团体交流的时候除了信息的沟通，还有没有关于当地的生活、文化的一些新的知识？

S：首先是英文这一块有收获，原来在国内没有这样的机会，开不了口，现在慢慢进行一些简单的交流，基本沟通没有问题。其次是参加很多培训，了解了很多的讯息。最多的是关于孩子的。比方说会去听大学申请的一些讲座、如何进行课程选课，怎么样选更加好，这些方面都有一些培训。有通知或者群里有这样的讯息，都会去学习一下。

D：这个挺好的，在这边也学到很多东西。

S：是的，我现在也在联系学校，我想去做义工，了解一下这边学校的教育理念和课程设置。

D：您以后有计划吗？比如说小孩长大，再大一点。您可能要留在这边或者是回国或者是在这边找工作，有没有一个什么计划？

S：目前还矛盾着呢，因为我特别喜欢这样简单自由的生活。但是因为先生在国内，等到退休时间还很长。如果我长期在这边的话不能照顾到我先生。初步的想法是孩子上大学以后我就回去。就看孩子吧，如果他能留下，我和他爸等退休了就办个团聚移民。一切顺其自然吧。

D：是的。您在这边有没有觉得东西方这个文化特别大的差异，哪一方面您觉得差异特别大？

S：我觉得最大差异是教育理念的不同。比如对孩子尊重的程度。之前都是我们想好，我们怎么样想的就让他被动地接受的方式多一些。另外，我觉得不同阶段孩子应该做什么，安排特别科学合理。国内从小学，甚至幼儿园就开始各种培训，不能让孩子输在起跑线上。孩子从早晨到晚上，把他所有的时间都规定、固定好，他不需要思考只要跟着走就可以。而在这边他有很多可支配的时间，让孩子自己去规划，去填充，去安排。所以我觉得这方面也有很大的差异。我去过几所学校，最令我震撼的就是他们的图书馆。提供给孩子大量书籍，每个阶段都有不同的一些阅读内容，阅读量跟国内孩子相比，实在是太大的差异，像这些都是我看到的一些不同。

D：那这个很好的，就是说您已经发现有一些不同嘛。您之后也会去幼儿园，可能去做一些义工，做志愿者，可以了解一下这边的教育体系，可以有一个比较好的了解了。

S：是的。

D：那您自己认为在家庭的教育方式上，您有没有学到一些，比方说学到西方的家庭育儿方式，还是只是以前那样运用国内的家庭教育方式。来这边有没有学到一些您原来不知道的教育方式？

S：我是觉得可能没有刻意地去学这边的一种方式，只是有时间做一些自我的反思了。比方说时间的安排上，让他自己决定该怎么样去做，跟他做一些讨论。而原来是直接告诉他，你这个时间段做什么什么，这样的有改变。还有一个是独立能力上，之前在国内的话包办很多，不需要他做很多，你只要学习就好了。那现在不一样，首先要身体好，多运动，有健康的身心。我现在经常写亲子日记，分析自己教育的行为，不断地调整已有的一些观念和做法，然后用更正确的或者说孩子更乐意接受的一些方式跟他做一些沟通交流。

"陪读妈妈"作为一个特殊的群体，是需要极大的考验的。生

活上的不稳定（包括签证，在加拿大居住的地点不稳定等），孩子
与妈妈自身对新环境新社会的适应，语言的沟通，文化习惯的隔
阂，都会增加妈妈们的压力。并且，许多妈妈都和 S 妈妈一样，
曾经是公司的主管或者在事业上都非常成功的，到了加拿大之后，
需要面临一个心态上的调整和落差。要如何重新建构对于自己和
孩子在异国生活的认同，是需要勇气的。但是，对于这些妈妈来
说，一切为了孩子的付出都是值得的。妈妈们一直在努力地调整
自己，争取陪伴孩子一起度过与适应在加拿大的生活。真让人
感动!

让我们一起变老

——如何向孩子解释变老

▌▌

刚刚过完生日，我感觉自己又老了一岁。看到自己身边的亲人，突然之间多了许多白发，自己的孩子，一天天长大，自己，也在一天天地变老。早上，小松非要我抱他下楼，忽然发现儿子又重了好多，腿也变长了。我开玩笑地说，你都这么大了还要抱，又变重了！妈妈老了，以后抱不动你的时候，就不抱你了，没想到儿子突然嘴巴一扁，很委屈地哭了。他还不懂什么是"老"了，他可能害怕大了就要离开妈妈了吧！

如何向孩子解释"老了"？该如何面对自己的"衰老"？"变老"对我们有什么意义？又该如何向孩子解释人生？

美国作家 Anne Karpf 主张积极乐观地看待衰老。她认为，应该用"成长"来替换"变老"这个词。当我们把人生的整个过程看成是一个成长的过程，那么我们的人生阶段就会变得很不一样。

去年，老爸刚退休的时候，还没有完全做好退休的心理建设。

总觉得离开工作了几十年的单位，一下子不知道该干吗了，突然心理上承受了巨大的压力。在老妈的帮助下，两人开始积极地安排退休之后的生活，最后决定来一场说走就走的环球旅行。他们几乎每一个月都去一个国家或地区走一走玩一玩，这些旅行计划除了让他们心情变好以外，还让他们学习了新的知识，了解了各地的风土人情，学习到了各国的风俗和文化，极大地丰富了退休后的生活。

Anne Karpf 创造了一个新的词叫作"成熟新动力（New Dynamics of Ageing）"，指的是人在各个不同年龄段对生命的理解。而这个理解是一种成长和成熟的过程，而不能单纯用"老"去定义。这个词的出现，改变了人们对人生的想法。"老去"变成了一种新的动力，从而可以理解成人们运用自己的人生经验、想象力和创造力去面对自己人生的各个阶段。

时间像一个小偷，偷走了我们的容颜、青春、生活和生命……但是，在时间偷走这些东西的时候，我们也必须开始重新思考该如何接受这一切。当孩子长大到一定阶段的时候，他们会瞬间明白自己也在慢慢长大，然后变老。有一阵子他们会对此事变得特别恐惧。对于成长的未知恐惧，让他们特别需要父母的教育。该如何让他们正确地看待变老呢？

享受年龄的增长

很多人小的时候，特别喜欢过生日。因为过生日不仅可以吃蛋糕，还可以长大！随着年龄增长，渐渐对过生日这件事，越来越抗拒。

作为一个母亲，我认为我们不仅可以帮孩子过生日，也应该和孩子一起度过父母的生日，让孩子参与一起庆祝的过程。在此过程中，让孩子懂得，作为父母的我们，也同样享受年龄增长的乐趣。和他们一样，也需要过一个愉快的生日。

告诉孩子，我们在一起享受"长大"的乐趣。

当我们把长大变成了乐趣，那么我们就能更会享受生活，珍惜生活。我们会珍惜在一起的每一天，享受孩子慢慢长大，也享受成长给我们带来的喜悦。

告诉孩子，你在长大

我常常告诉我的孩子，我很爱他，也常常拥抱他。也许这听起来很俗气。但是，时间过得太快，让我不得不这样做，因为一转眼我们的孩子就长大了。

同时，我也告诉孩子，童年只有一次，人生也只有一次，必须好好规划，珍惜时间。同时也教会他如何珍惜眼前的生活，活在当下。

那么，真正的重点来了。在教育孩子珍惜眼前生活的时候，重点就是要让孩子知道，你在长大！

也许很多人觉得这太可笑了。正在长大这件事不是人人都知道吗？这还需要教吗？是的，很多孩子也许知道自己会长大，但不是现在。他们也许不会察觉自己的衣服鞋子正在变小，个头正在长高，学习能力正在变强。这永远需要靠家长去提醒。家长们可以给孩子对比今年和去年的照片，问问孩子，是否看出了什么差别。还可以对比今年和去年的衣服，告诉孩子，你长大了！去年的衣服都穿不下了。要让孩子直观地形成一个概念，时间在流逝，我在长大，没有时间可以浪费。

让孩子学会独立

作为父母，随着孩子的成长，我们最终要学会放手，让孩子独立，成为一个具有独立人格的人。

这里所说的独立，并不是简单地让孩子学会独立生活，而是和孩子探讨关于人生的意义，让孩子将来长大以后能够独立地实现人生的价值。

父母可以多与孩子探讨人生与理想，在此过程中帮助孩子一起计划未来，尊重并且多参考孩子的意见。因为要实现未来的人生理想毕竟是孩子自己的事。作为父母，同时也该一起规划自己的人生。父母的人生规划，势必要考虑到孩子的成长与教育，但这并不是全部。父母也应当合理地安排自己的人生，以及独立地去实现属于自己的价值。

每当我看到我爸妈从国外发回来的旅行照片时，我很欣慰也很高兴。我的父母给我做了一个很好的榜样，让我看到了他们积极的人生态度与成长，也让我更有理由去教育我的孩子，要努力地生活，实现自己人生的价值。

第七章

◇

教育的本质

中西方教育差异，
教育到底为了啥

如何面对怕让孩子输在起跑线上的焦虑

——教育到底为了啥

██

　　王女士的儿子上小学。有一次在家长群里面，老师当场表扬了班上的一个孩子，老师告诉大家，这位同学才刚上一年级，已经认识两千多个字了，并且会背诵几百首唐诗，希望大家可以向这位同学学习，也请家长能够花更多时间在孩子身上，培养孩子识字等能力。还有一位林妈妈也曾告诉我她的苦恼。孩子才刚上初中，就有一大堆学不完的内容。现在孩子回到家，变得比以前更木讷了。感觉起来，孩子像是一台考试的机器。

　　面对两位同样焦虑的妈妈，我想首先分析下教育到底是为了啥。之后，再讨论下我们的孩子该怎么学习，学习什么。在讨论之前，我想指出的是，中西方在教育理念上有一个很大的差别，那就是对于知识的理解。

　　中国的教育里强调的"知识"是专家们帮你编好的教材。这套教材提供包括语文、数学、英语、地理、历史、自然科学等全方位的知识。而学习这些知识的目的，是为了获得更高更好的学历。学历这个东西有点像是布迪厄所说的"文化资本"，到了一定阶段可以转化成经济资本和社会资本。因此以学历为导向的教育模式，也是有一定的道理的。因为这关系到一个人未来在社会上立足需要的资本。

而西方教育所理解的"知识"，是指对于实际生活有用的知识。这套知识包括学会基本生活技能，比如让孩子自己做一顿营养美味的晚餐，学会种花种菜，还包括学会如何洗衣做家务等。这套知识也包括培养孩子如何思考与建立批判性的思考方式。西方的教育理论一直都认为如何去反思和批评我们过去的思想是教育的重点，然后在此基础上产生自己的想法才能推动人类思想的发展。比如学校会培养学生的创新能力，让孩子自己动手研究一项科学发明。同时也会培养学生如何思考去挑战课本，写一些有价值的博客文章或小论文发表。当然，西方也强调学历，但是获得学历的方法可能不是单纯通过考试，而是通过孩子参加一些志愿者或社会活动的经历去判断这个孩子是不是有潜力和足够优秀。

这里就有了两个问题：第一个问题，关于"起跑线"的论断。第二个问题，我们的孩子到底需要学习什么？该如何学习？

关于起跑线的问题，可以和王女士的问题扯上关系。在中国，很多人都强调不要让孩子输在起跑线上。因此很多妈妈都花了大价钱给孩子去补习，教孩子背唐诗学画画学数学讲英文。很多还没上小学的孩子，在唐诗宋词、英文、数学方面的造诣可能可以匹敌一个国外的高中生。

有一篇《德国禁止学前教育》的文章认为，过度的学前教育会阻碍孩子的创造力和想象力。此文一出，立马引来一批人的围攻，认为德国的宪法中并没有限制学前教育。反而在 PISA 的调查研究中，德国的基础教育一直表现不佳。暂且先不说 PISA 的研究本身存在很大的问题（PISA 是一个拿世界各国的学生考试成绩作为数据来统计比较的科研机构），双方的争论焦点围绕着该不该开展学前教育。但是他们似乎都忽略了孩子作为独立的个体本身的能力和需求。也许开展学前教育特别适合某些孩子，但不是适合每一个孩子的。作为最了解自己孩子的父母，首先应该去考虑自己的孩子适不适合这样的教育模式，而不是去想这样的教育模式好不好符不符合国情。

就孩子该如何学习和学习什么，作为家长，首先，我们应当意识到孩子的童年时光是有限的。我们的孩子除了花时间学习，也应当花时间去玩。到现在，小时候背的唐诗宋词和数学公式我已经没有半点记忆，甚至常常做噩梦梦见自己数学作业做不出来或考试交了白卷之类的。相比之下，我对于和小伙伴玩耍的童年时光还是记忆犹新的。想到这些美好的时光，人也变得快乐起来了。

其次，孩子的独立能力是我觉得最需要从小开始培养的。我高中毕业刚去北京念大学的时候，根本不知道如何洗衣服，以为把衣服丢在水桶里，衣服自己会洗干净放在柜子里。直到几天之后发现衣服还在原处，才惊觉，该学习做家务了。那时候我已经结束了基础教育开始读大学了。可是中国的基础教育里面，有多少是在教孩子成为一个有生活技能的、能独立生活独立思考的个人呢？到了国外才发现，课本里的知识根本不是重点，重点是你如何去理解、应用，和批判这些知识。这很不容易，独立思考不是国外教育特有的产物，而是一种大家正在追求的境界。这需要从小培养，如果单纯灌输所谓的"知识"，对孩子的思考能力来说，是一种毒害。

再来谈谈"起跑线"。所谓的"起跑线"要看你的终点线在哪里。如果你选择的终点线仅限于一段近距离的比赛，那么你可以设定一条你认为适合的起跑线让孩子早点起跑。但是如果你选择的是一场马拉松式的比赛，那就一定不能让孩子提早起跑。甚至在起跑之前，还要给孩子提供充足的营养，让孩子充分休息放松。之后我们的孩子才有足够的体力和后劲跑完全程。

电视剧《虎妈猫爸》里面的虎妈一开始并不在意孩子的教育，后来看见别人的孩子什么都会，还上了重点小学，看看自己的孩子，仍然是个活在自己世界里的小公主。这时她才猛然醒悟。于是就开始拼尽全力给孩子择校送孩子培训等。不是有句俗话嘛，现在已经不是拼爹的时代了，而是看谁的孩子上的学校好。

不得不说，这有点像是恶性循环。但是很多人又是身陷其中，身不由己。这让我想到加拿大这边的学校，从来不去比较孩子们的成绩，所有的分数都是严格保密的。这跟我以前念中学的时候，每次所有人的成绩都张榜公告是截然不同的。那种自己成绩没有超过某个人的耻辱感至今仍然存在。作为学生，我们在乎的已经不是分数本身，而是父母失望的目光。这一切都要"归功"于比较。几年前，我在温哥华的小学实习，看到老师给每个学生发考卷和成绩，旁边都写着他们上次的考试成绩。老师说，他们要比较的对象不是别人，正是他们自己。也许自己才是最大的敌人。

再来谈谈第二个问题，我的孩子课业繁重，快要成为考试机器，我该怎么办？我的孩子该如何学习？学习什么？

其实我觉得，条条道路通罗马。如果无法负担如此沉重的课业，大可不必承担。因为中国的父母总有一种不安的感觉。如果我的孩子整天玩，是不是意味着我的孩子就输了？记得我采访过一位妈妈，她说当时已经帮孩子选择了出国这条路，这边已经办好了国外的学校，却还坚持让孩子复习中考，参加完中考才安心地让孩子出国读高中。可是，到了国外才发现，当时的坚持是一种错误的选择，应该让孩子好好准备出国学习好英文才是正确的做法。我的理解是，我们有很多条路可以选择。一旦我们选择了一条适合孩子的路，那就坚持走下去，不要回头也不要被自己的不安感打败。要相信，如果自己的孩子足够优秀，不管走哪条路，都会有成功的一天。如果让我选择，我一定会选，走自己的路，让别人说去吧！

我们要让孩子学习的是一种工具，而不是知识。当孩子正确地掌握了这种工具之后，以后不管遇到哪一方面的困难，孩子都可以利用这些工具去解决问题。而如果孩子单纯地只会一些知识，会考试，那么到了社会上，反而不懂得如何去解决实际问题，以及如何去利用所学的知识。

最后，回归下主题，教育到底为了啥？我想每个人都有不同的答案。每一位妈妈都是聪明的，在她们的帮助下，很多孩子的人生被成功地规划。但是，这个问题是必须要面对的，我们教育孩子是为了什么。是成为一名成功的企业家？科学家？还是做一个单纯快乐的普通人？我想到"虎妈"蔡美儿。对于孩子几近冷酷的训练，她认为，将来孩子长大，孩子是必须要感谢她的。

其实，如果按照父母安排的训练方式，孩子很可能会成为老爸老妈心目中的成功典范。但是，不见得一定会感谢爸妈。如果你设定好了一个目标，那就勇敢地朝着这个目标走下去。但是心中一定要想着孩子目前的需求，这样的规划是不是适合目前孩子这个年龄段的发展，是不是值得，会不会给孩子一个不会后悔的童年，这是需要细细思考的。

毕竟孩子的童年只有一次，我们不要求孩子将来感谢爸妈，但是至少不要让孩子将来对父母的教育方式心存怨恨吧。

性教育，你准备好了吗

❚❚

赵女士最近遇到了一个棘手的问题，她把跟儿子的对话发给了我。她的儿子问："妈妈，我能问你一个奇怪的问题吗？"她说："好呀。"儿子说："男人和女人结婚了以后，是不是就有了孩子了？那是怎么发生的呢？××在学校亲了我，为什么我们没有孩子呢？"赵女士说："因为你们还太小啊，等你们长大了，像妈妈这么大就会有孩子了。"儿子说："这有什么区别呢？"

的确，性教育已经成为我们不可回避的一个问题。首先让我们来看看各个国家不同的性教育课程。

美国的性教育是相对保守的。有六成的美国学校宣传节制性行为，鼓励青少年杜绝婚前性行为，反对向青少年提供有关避孕的信息。德国从小学六年级开始宣传性教育。老师会详细说明男女青春期的心理和生理变化，以及性生活和怀孕的整个过程。而日本也是分年级进行性教育，并且根据不同的学校而做出不同程度的修改教学。

据说加拿大的性教育是最前卫的。但是一提到加拿大的性教育，你看到的就是各种抗议。因为加拿大的性教育实在太"先（开）进（放）"了，开放到"让人无法接受"。让我们来看看加拿大的性教育大纲到底有些什么内容。

一年级：怎样识别非语言类的信号，比如说面部表情、说话语气……还要学习身体不同部位的名称。

二年级：在发育过程的不同阶段产生的生理变化。学习如何坚决地说"不"，以及识别语言和身体暴力行为。

三年级：学习同性恋的相关知识。

四年级：青春期的一些生理和心理变化。讲解青春期的个人卫生习惯，分析各类欺凌及虐待事件，确认合适的应对方法。

五年级：认识生殖器官，讲解月经排卵与精子生成的过程。了解青春期压力和减压策略。了解网络上的个人行为，包括与性有关的言论，或分享性感照片。

六年级：了解什么是"手淫"以及"性别认同"。

七年级、八年级：讨论避孕及性传播疾病的话题。八年级学生还要了解6种性别：男性、女性、两种性意向、变性、跨性别和雌雄同体。

九年级：网络的利弊和风险。了解每个人对性别的认同和性取向，受什么因素影响；运用与性有关的健康安全知识。

十年级：在我们的文化中，人们对性有一些常见的错误观念，这些观念为什么会伤害别人。与某人建立排他性关系有什么影响，对他们与别人的关系又有什么影响。

十一年级：理解各种精神病与瘾癖，预先采取保健措施，如乳房与睾丸检查，可以避免或减轻病痛。

十二年级：理解在不同的关系和情况下，各类骚扰、暴力与虐待事件的后果和法律影响，讲解处理和避免这类事件的方法。

顺便再来看看中国的性教育吧。孩子要是问爸妈，我是怎么来的，爸妈可能会说，你是从垃圾箱里捡的，还有说是充话费送的。

中国的性教育往往被认为是家里的"私事"，因此强调的是家长的教育，学校或者说社会是没有义务提供性教育的。而很多家长的教育往往就变成了上面那样的答案。加拿大是一个移民国家，由各个族裔的移民组成，其中也包括很大一部分华裔。而性问题在加拿大被认为是社会问题，社会或者说国家有义务给幼儿或青少年提供性教育。因此，开放的加拿大性教育大纲一出，立马引发各方抗议也就在所难免了。

在这场没有硝烟的战争中，实际上爆发的是中西方文化价值观的冲突。

很多华裔家长在性观念方面相当保守，当然也不想让自己的孩子过早地接触到这些。但这些家长的做法并不能阻挡孩子的好奇心。十几岁正处于青春期的少男少女，他们的好奇心其实是很强烈的。你越是刻意隐瞒，不愿意提起，他们越是有兴趣越是想知道得清清楚楚。于是，加拿大的教育大纲认为，与其让孩子通过自己的好奇心在无法辨别好坏的情况下通过网络等鱼龙混杂的渠道获得有关性方面的信息，还不如光明正大地早早教育孩子，让他们正确地认识性，从而能够更好地保护自己。

然而对于华裔家长来说，这是不能接受的。他们普遍认为自己的孩子心智发育较晚，过早地对他们进行这方面的教育（宣传），会让他们的孩子在没有建立起足够的价值观判断的时候就"误入歧途"，过早地开始接触成人的世界。

那么作为家长，我们要如何正确地对孩子进行性教育呢？

作为家长，首先应该明白当孩子的年龄到了一定阶段，是必然要接受性教育的。等到孩子长大成人了再去教，还不如从幼儿开始教起。让孩子从小了解自己的身体，正确地认识自己的性别，以及通过增强意识保护自己。

性教育不仅仅是社会的责任，也是家庭教育的一部分。

性教育的第一步，是让孩子正确地认识自己身体的部位。对于 5 岁以下的幼儿，认识身体部位是非常重要的，这样做最主要的目的还是为了考虑到孩子的安全。如果早一些让孩子学会正确地认识自己的身体，知道隐私部位的重要性，以及知道如何向家长老师报告，家长再加以引导，孩子就可以建立起一套保护自身的做法。以后当孩子渐渐成为在社会上独立生活的个体，就能够掌握足够的知识来保护自己了。尤其是现在很多对于幼儿性骚扰的事情频发，家长应当及早给孩子灌输保护自己的思想，每天询问是否有人对自己的身体部位进行碰触，让孩子提高警惕，及时汇报。

此外，家长可以适当找一些有关性别或性教育的课外读物，可以和孩子一起读一读相关的知识，在阅读的过程中，回答孩子的问题。或者给孩子借一些相关的读本或影片，让孩子多接触有关的知识。我们要相信自己的孩子，即使年纪小，经过家长的配合，也可以建立正确的价值判断。

关于性别的认同方面，华人的家长通常比较保守，我建议多找孩子交谈，但不应该去干涉孩子的性取向。或者可以多找专家咨询。

不管怎么分析，性教育这个问题都是必须要面对的。想想我们小时候，从小就缺乏这方面的教育。比如我，在 13 岁的时候来了例假，大哭，我以为自己出了这么多血要死了。到了高中，我还完全不知道什么是避孕套。当然，我们很幸运地受到了父母的各种保护，但对于一些孩子来说，尤其是女孩子来说，在不懂得保护自己的情况下，更容易受到身体上的伤害。

该如何教育孩子正确了解身体

——要让孩子身心共同成长

||

60 年前的西欧，在公共场合穿比基尼的女性被认为不合时宜。而到了二十一世纪的今天，法国有些度假圣地竟然开始禁止女性在公众场合穿着包裹严密的比基尼。女性，无法对自己的穿着做出决定。女性穿什么怎么穿都由国家通过立法来规定。

作为研究女性与育儿多年的我，想讨论下该如何看待女性的身体，以及如何看待女性身体这个问题对教育孩子的启发。

身体与心灵的结合

所谓"身心合一"一直以来是中国古代哲学所强调的。比如太极八卦的精髓都在于两极的统一，即无极。苏格拉底认为："死亡只不过是灵魂从身体中解脱出来。死亡无非就是肉体本身与灵魂脱离之后所处的分离状态和灵魂从身体中解脱出来以后所处的分离状态。"而柏拉图认为："灵魂是神圣、不朽、理智、统一的，而身体是灵魂的工具，是平凡、可朽、无理智、不统一的。身体充斥着欲望，根本无法思考，它是灵魂的障碍，而灵魂必须摆脱身体的束缚，抵制身体的欲望才能到达神圣的彼岸。"苏格拉底与柏拉图对于身体与灵魂的认识，即身体与灵魂的对立，以及身体被灵魂奴役和利用的观念，直接被男权社会所利用。

在我的周遭，很多女性都喜欢减肥。在此过程中，靠"意念"坚持了下来。身体饥饿导致肚子疼所发出的"警报"被认为是精神与身体抗争的讯号。只有靠意念坚持下来，才能战胜"死胖子"才有的饥饿感，靠意念获得身体的饱足感，以此达到减肥的目的。在此过程中，所谓的意念也就是精神，控制着人们强烈的减肥欲望，而身体，只能被迫地去承受减肥带来的副作用。

很多家长在关注孩子的学习和心理健康的同时，往往忽略了孩子的身体。家长应该认识到，要想让孩子拥有好的学习成绩和健康的心理，则必须先让孩子拥有一个健康的身体。有的家长为了让孩子减肥，还给孩子买减肥药。这种错误的观念，直接影响了孩子的健康成长。作为家长，应该让孩子身心共同成长。

身体与暴力

你有没有想过，为什么许多暴力事件都是在女性的身体上发生的？

中国甘肃被抓的性变态杀人狂，锁定的目标为女性。在巴基斯坦，每年有超过 1000 起酸液袭击事件（推荐大家去看纪录片《拯救容颜》，有很多东西是酸液毁不掉的。比如面对暴力，女性的抗争）。历史上的慰安妇，被谋杀的妓女和原住民女性，以及在印度被强奸的妇女。很多时候，对罪行的不在意和理所当然，强化了对女性身体施以暴力的合法性。

这让我想起一起轰动美国的斯坦福大学的性侵案件，斯坦福大学的游泳运动员 Turner 在校园附近性侵了一名醉酒没有意识的女子。当他被捕后，他的父亲竟然写了一封公开信，称自己的儿子是非常冤枉的。他说，儿子这么努力地追逐自己的梦想，却要为这二十分钟的行为付出惨痛的代价，坐牢意味着人生的整个精华时期被剥夺，而这些都是酒精和一时糊涂造成的。没想到，连法官也认为，不能判太重的刑。Turner 本该被判 14 年徒刑，但是法官认为，"这么长的刑期会对他的人生造成严重的影响"，从而改判 6 个月有期徒刑，缓期三年执行。

这件事给了我两个启发：第一，此事的受害者不是他的儿子，而是那名女子。但是为什么法官和他的爸爸却只站在他儿子的角度去思考，丝毫没有考虑到该女子所受到的伤害？第二，这个故事也蕴含着深刻的教育意义。暴力事件的发生，也是父母对于子女的教育问题。看这个男孩的爸爸就可以知道，孩子是不断复制父母的价值观的。不管是男性还是女性，大人还是小孩，暴力行为都是不被允许的，因为当你实施暴力的时候，势必有另一方，也就是弱势方，受到了你的伤害。不管你是斯坦福大学的学生，还是游泳健将，在法律面前都是罪犯。这只能说是非常失败的教育。

该如何教育孩子正确地了解身体

身体教育是一门非常深刻的学问。

因为相对于精神层面的教育，身体教育一直以来被大大地忽略了。

在学校里被欺负，在家里被毒打，以及暴饮暴食不重视身体健康的孩子，几乎在日常生活中屡见不鲜。有很多女大学生，甚至初高中女生，意外怀孕流产，受害的过程却没有人敢声张。

家长教育孩子树立正确的人生观，首先应该教育孩子正确地认识自己的身体。教育孩子选择与自己的身体做朋友，而不是把身体当成敌人，要学会捍卫身体的健康和尊严。

即使很多家长，也是把身体当成敌人的。打从生孩子那一刻起，就把身体当成自己的敌人，生产的疼痛，养育孩子的疲惫，都让人不禁觉得是身体在和自己作对。实际上，只有把身体当成自己的朋友，才能更好地爱护它，珍惜它。

身体发出的信号是非常好的话语，应当常常教自己和孩子与自己的身体对话。当身体感觉到疲惫的时候，告诉孩子，我们累了，身体需要休息。当身体发出一些疾病的信号（如感冒）时，就表示我们需要做一些检查、调整或锻炼。

此外，不管是男孩还是女孩的家长，都要教育孩子懂得保护自己。尤其要告诉孩子，绝不能让陌生人碰到自己身体的隐私部位。同时要教会孩子认识自己身体的各个部位，及时向大人汇报身体是否受到伤害。

除了身体以外，也该让孩子注意身体与周围环境的互动，注重每一个地点与身体发生的互动。比如，身处大自然，能感受到树木的呼吸；身处博物馆，可以感受历史的震撼；身处图书馆，能感受到心灵的净化；身处大马路，感受到空气里飞扬的尘埃……总之，不仅要让孩子与自己的身体做朋友，还要培养孩子有意识地用身体去感知生活，感受最本真的存在。

从北美体育课看体育教育

——我们需要什么样的体育教育

▌▌

　　我自认为是一个体育很一般的人，体育成绩一般在中等水平。然而，到了初三那一年，全市实行了中考改革，要求考体育。考试的内容是跳远、实心球和长跑（女生 800 米，男生 1000 米），每项 10 分，满分 30 分。就为了这 30 分，在初三最后一年，我们开始了一年魔鬼式的体育训练。

　　由于跳远和实心球要求都比较简单，我们把重点放在了长跑。那时候是冬天，老师要求我们每天早上 7 点准时到学校，绕操场慢跑四圈，估计超过 1500 米的样子。除了早上慢跑以外，有时候下午下课也要去跑上几圈。体育课的时候更加疯狂，上课之前先慢跑四圈，上课中途再算时间跑一个 800 米，下课结束之前再慢跑四圈，跑到我们精疲力竭才回到教室上课。

　　就这样挨过一整年。这一整年，我奇迹般地没生过病，连个感冒都没有。

到了中考那天，我就按照平时训练的那样，轻松地跑完了800米。并且奇迹般地跑出了人生最好的成绩，2分54秒。当时要求的满分是3分10秒，我的成绩远远超出了满分。当时的监考老师说，你这成绩可以达到国家三级运动员的水平了！

我，一个体育成绩普通且没有半点天赋的初中生，就这样被活活训练成了国家三级运动员的水平。

加拿大的体育课

在加拿大，幼儿园和小学阶段没有必修的体育课。

没有体育课不代表没有体育活动。学校每天白天和下午都会安排孩子去户外的草地上进行自由活动。对我家小松来说，每天都是体育课。因为不管刮风下雨，老师都会让他们去户外跑一跑跳一跳。学校严格规定必须给孩子抹防晒霜，然后小松每天回来还是晒成一个"黑人"。你可能会觉得，这样哪里算体育活动，孩子并没有学到什么真的体育技能。但我觉得，孩子有运动，身体也有充分地照到阳光，有活动，就是好的。

一般学校会开设一些兴趣班。如果孩子对球类活动有兴趣，可以报名各种球类班。孩子还可以加入校队，比如校足球队、冰球队等。体育活动是以这样的兴趣小组的形式存在的。

在这边，体育课没有分数。真正的目的是为了健康而设立的。一些学校常常将体育课与健康课绑在一起，老师会教孩子关于健康的各种知识，比如食物营养搭配与运动科学知识等。让孩子了解身体发育、运动规律以及食物对身体和运动的影响，从而全面地了解自己的身体，以及身体健康的意义。而体育老师的作用，不仅仅是教练，更是教会孩子有关身体知识的老师。

体育比赛的意义

"金牌绑架"是奥运会争论的焦点。

很多人惋惜，很多人质疑。不管怎么样，金牌，在很多人心目中是重要的。至少在比赛的时候，获得金牌至关重要。

过去，奥运健儿为国争光，是大家一贯的理念。当体育变成了一件国家的大事之后，个人就显得并不重要了。但现在的好多观众都已经看开了，不再过分关注金牌得主，而更多地把注意力放在个人身上，不管有没有得奖。观众看的不是比赛，是人品。

身体健康已不再是体育健儿追求的根本，许多人甚至以牺牲身体健康作为代价。我想，我会教育我的孩子，体育运动与体育精神的意义是，生命在于运动，而不是单纯的比赛。

体育教育为了什么

反思现在的体育教育，我想，到底体育教育为了什么。是为了在运动会上崭露头角赢得比赛吗？是为了班级集体，为了学校，为了省，为了给国家争光吗？还是为了真正锻炼自己的身体？

我希望有一天，体育课将不再有标准的成绩，有规定的项目。而是让每一个人都动起来。让孩子们了解自己的身体，爱上运动，学会如何做运动。

　　体育教育，我觉得关键在于家长。

　　很多家长往往只注重孩子的学习，而忽略了体育的教育。业余送兴趣班，也往往只是单一地选择数学、美术、英语等。只有少数家长坚持让孩子去学习一些体育的兴趣班和球类班。

　　体育，是一种习惯的养成。

　　即使没有送去学习，家长也应该每天或者定期带孩子到户外进行体育锻炼。

　　很多孩子，最讨厌体育，讨厌上体育课。

　　因为体育课的内容就是考试。今天考800米，明天考1000米，导致很多孩子一上体育课，就变得非常恐惧与抗拒。体育应该是大家最爱上的课才对呀！

　　要让孩子爱上体育，必须要让他们懂得如何玩。家长和老师可以适当地举办各种有趣的体育活动，让所有的孩子都可以参与其中并且乐在其中。

　　体育是健康教育的一部分。

　　回想到我初三那一年的魔鬼式训练，即使我那么痛恨它，但至少那一年保证了我的身体健康，完全没有生病。

　　但那健康是被逼出来的。隔年，停止了集训之后，我就又开始隔三岔五地生病了。

　　真正的身体健康是灌输给孩子对身体健康的正确理解。并且能主动地参与到体育锻炼中去。

体育教育也拼脑力

很多加拿大中学的体育课，拼的不是体力，而是脑力。

老师会让学生利用业余时间去搜集制作一个海报或者 presentation（报告），讲一讲对于某方面体育锻炼的理解。学生们只有自己去搜集过资料，了解过体育如何影响身体健康，才会真的对体育重视起来。

加拿大有很多孩子经常主动去长跑，去打球，去锻炼，因为他们深深地了解到运动的背后，是能给他们带来一个健康的体魄的。

体育教育的关键在于传授给孩子运动的方法。

虽然这边没有多少体育课，但是体育锻炼非常盛行。每个社区都有游泳馆和健身中心，经常带孩子去体育馆，就和去图书馆、博物馆一样，是一个学习的过程。在此过程中，孩子除了享受体育运动的乐趣之外，也学习到了如何给自己机会运动，如何运动，以及能选择哪些自己感兴趣的运动。

这边的体育教练收费很高，因为教练教的是专业化的方法。一旦掌握了方法之后，孩子可以自己练习。而坚持练习，是需要观念和理解来维持的。

奥运会也是一次很好的教育孩子的机会。

我们要让孩子知道，比赛的目的不是金牌，而是一种体育精神。看到人类身体的奇妙之处，看到人们对自己的挑战，也看到生命存在的意义。

出国还是高考，这是个问题
——如何帮孩子做人生规划

都说留学是高考的备胎。

五年前，在杭州读外国语高中的表弟即将高三。可是品学兼优的表弟却突然表示，不想参加高考。这可急坏了我小姨。培养了那么久的表弟，突然在最后一刻打了"退堂鼓"。

小姨希望我表弟可以参加高考。凭他的成绩，稍微努力一点，应该可以上个清华北大什么的。但是，"任性"的表弟，非常坚持自己的意见。他说："我就单纯不想考试。"

这个时候，只能出国了。

可是很多国外的大学本科，都需要高考成绩！当时坚决不参加高考的表弟，即刻开始准备被称为英国大学入学考试的 A-Level 测试。

在专心准备了好几个月之后，表弟的 A-Level 考试全 A 通过了，其间还考了托福。然后就准备申请加拿大的大学了。表弟当时申请了几所学校，在 3 月的时候，收到了这些大学的录取通知书，最后，他选择了多伦多大学的化学系。

拿到多大录取通知书后的表弟，如释重负。面对还有最后半年的高三生活，表弟终于得以轻松应对。在别人紧张复习高考的时候，表弟是笑看风云！

当时很多亲朋好友还是觉得可惜了，这么一个优秀的孩子，没参加高考，没上北大清华真的好可惜。

四年后，多大本科毕业的表弟已经拿到了英国牛津大学直博的录取通知书，即将于 9 月去牛津大学读博士了。

没有高考的人生是不完整的吗

总觉得没有高考的人生是不完整的，没想到，到了这个年头，高考真的已经不再是人生的唯一出路了。

据报道，今年参加高考共 940 万人，人数明显下降。单北京市来说，参加高考的人数在近十年来下降了一半。而全国共 13 省都出现了参加高考的人数明显降低的情况。

现在，越来越多的人能够负担起国外的学费和生活费用了，出国留学已不再是很困难的事。年轻一辈中，英文学习越来越超前。很小的时候就参加各种英文培训班。初高中全程就读外国语学校，全英文教学，老师全是老外，课堂和教材都来自国外。他们早已提前在国内就适应了国外的学习模式。单就我表弟来说，全班 50 个人，到最后只有 7 个人参加了高考。其他人全都拿到了国外各种大学的 offer。

高考和留学，两手都要抓

在我的研究中，有一次采访了一位移民妈妈。这位妈妈的孩子也即将要考大学。但是因为拿到了移民，孩子的妈妈希望自己的孩子能够留学，但不放弃高考。就这样，这位孩子的高三被安排得相当紧张。上学期准备雅思托福 SAT，下学期准备高考。简直就是超人式的学习。

还好这孩子资质不错，通过了 SAT 考试，成功获得了加拿大大学的通知书，随后再准备高考。虽说不知道最后高考成绩如何，这孩子还是顺利进入了加拿大的学校。有人说，他拿到了加拿大大学的通知书就不要再去高考了嘛。但孩子的妈妈认为，参加高考，是对孩子的一种磨炼。

高三这一年，辛苦，却也过得踏实。

留学，真的是高考的备胎吗

目前市场上流行的"双保录"，就是指既参加高考，也参加申请。如果高考成绩上线了，再来考虑去国内的大学还是国外的大学。万一高考落榜了，可以选择国外大学。万一两个都没上，第二年还可以卷土重来，申请国外大学。

不过，总觉得，鱼和熊掌不可兼得。孩子也是人啊，不是考试和申请的机器。如果单纯只做一项选择也可以让孩子有一个不错的未来，还是让孩子轻松一点吧。更何况，如果两手准备，在短时间内容易造成两个都没准备好，既浪费了时间，又伤害到孩子的感情。

下面，我想从申请和考试的角度谈谈高考和留学的差异。

之前看到过一则这样的新闻，说一个北京高考状元，申请美国11所名校全部被拒。然后还有一个高考落榜的男孩被美国哈佛大学录取。

很多人会想，美国大学脑残了吗？状元不要，要的是落榜人士？他们脑子里究竟想的是什么？

这里想说一说这两套制度的最大不同。高考，是以考试为导向的，成绩是唯一的评判标准。这里面除了孩子自身的努力和素养之外，也有很大的运气成分和偶然因素。有的时候，考试当天的状态、环境，哪怕是一点小事，都可能对最后的结果造成不可挽回的影响。而国外，大学的申请，更注重考察的是一个孩子全方位的能力。这些能力不仅体现在高中的成绩和英语的语言成绩上，更注重的是一个孩子的思想和行动力。

思想，是指这个孩子对自身、社会、国家、世界有什么样的看法和想法，脑袋里到底想的是什么，有没有潜力，是不是可造之才。而行动力，是指这孩子有没有实践经验，有没有参与过一些志愿者活动，参加过一些社会活动，是不是具备组织领导的能力。这些东西，都并非一日之功，也是需要平时的积累才能达到的。

尽你所能

Try your best（尽你所能），是国外大学最强调的理念。

我发现，人可能是有两大类的。一类人适合考试，一类人适合申请。有一次我跟一个朋友吃饭，这朋友说，她就是那种考试型的人。她特别会考试，她目前通过考试已经收集了大部分执照，重点是每项考试几乎都满分。据说她高考的时候，有一次遇见一道数学题，发现这道题完全不会做。但是她又想到以前考试经常会出现一个答案，于是她就随便把那个常出现的答案填上去了。想不到竟然蒙对了。但是，她说，虽然她很会考试，对于实践操作却是一问三不知。我说，我和你正好相反！我是只会操作型的，完全不适合考试。以前我考试最容易被骗。题目有四个答案，三个都是干扰选项，我很容易就被干扰了。但是如果是论述题或分析题，比如需要写作文之类的，我就会答得比较好。

来到国外之后，我发现我还是比较适应国外的学习的。这边的学校教育注重的是孩子能力的培养，以及如何最大限度地挖掘孩子的潜力。考试并不是唯一标准。很多时候写论文，看的就是你分析问题和理解问题的能力。

很多考试型选手，在过去的培养中，被训练成只有一个正确答案。当今天的题目不再是选择题，而是让你说出自己理解的答案时，这道题对于他们来说就变得很难。而当题目的答案变得很多元，不再会有谁对谁错，而是看谁的答案更好的时候，更加造成了他们的束手无策。

也难怪，当国外名校的申请材料让学生写一写自己的个人陈述和经历的时候，会变得很难。了解了这样一层背景，对于高考状元申请美国名校落榜以及哈佛大学录取高考落榜生之类的新闻，也就不足为奇了。

出国，还是高考？关键还是要看我们的孩子属于哪一类人。如何选择最适合孩子的方式去打造孩子的未来才是成功的关键。

开学，不只是小别离
——留学前的适应和准备

▌▌

开学，对有的人来说意味着开始，对有的人来说意味着分别。

很多妈妈送孩子去参加了开学典礼。有的送幼儿园，有的送小学，有的送读大学，还有的送到国外去读书。看到家长与孩子"分别"的一幕幕，我不禁想起了我十年前出国留学的情形。

十年前的我，作为留学生，一个人搭飞机来到了加拿大，在机场看见爸妈偷偷地掉眼泪。

刚到加拿大的时候，一句英文都讲不出口，甚至买杯咖啡都要靠比画才买到手。

新学期开始的时候，完全听不懂老师在讲什么，常问旁边的中国同学，你听得懂老师的话吗？

真正觉得难的不是语言上的障碍，而是文化上的隔阂。

比如午餐，没有人帮你准备，去学校吃又很贵。那时候钱不多就自己学会了制作三明治，每天带一个到学校去吃。

在学习方面，学校里的主角永远是学生。老师不会为你安排各种东西，所有的事务处理全靠自己。自己记得去交学费，自己选课，自己搞定每一门课的作业和期末考试。同时有空还要参加各种社交活动、社团和学术交流会等。

回到家，还要自己打理一切，做家务洗衣服一日三餐都要自己动手。此外还有一大堆杂事，房子到期要自己去找房子，每月要去银行交各种账单，生病时要自己去诊所看病，有业余时间还要去打零工做志愿者。所有的一切都只能靠自己。

这看起来很残酷。尤其对于很多即将踏上一片陌生的土地的未成年的孩子来说。背后是爸妈充满期待的眼神和无条件的经济支持，前方是一片模糊的未来。

对孩子来说，常常会不知道自己身处何方，也不知道该如何去掌握自己的未来。对父母来说，对孩子寄予厚望，希望能拿个洋学位，说一口流利英语，学成归国。

这场别离的背后，是为了未来更好的重逢。但又不知道未来的路会走向哪里？

倩倩的妈妈不希望倩倩学习得太辛苦，于是有了想送孩子出国的想法。今年倩倩刚初中毕业，虽然有很多不舍，倩倩妈妈还是送倩倩出了国。住在 homestay，平时只能视频聊天和微信联系。虽然女儿不在身边，对女儿的担心是一刻都没有停过。时间久了，可倩倩的妈妈也不知道女儿的学习情况怎么样，每次通话，女儿只是简单地说自己都挺好的，也没有说起什么特别的事情。倩倩的妈妈更加担心了，也开始对自己当初送女儿出国的决定起了怀疑。送孩子出国，到底做对了吗？

出国到底意味着什么？出了国真的就如人们所想象的那样一定可以学业有成，获得更好的教育，说一口流利的英文，去华尔街工作吗？让孩子出国变成了解决家庭矛盾的唯一出路吗？

其实，出国，让人们看到了梦想与现实之间的距离。

出国的背后，有着对应试教育的抵抗，脱离体制的诉求，解决家庭内部矛盾的需要。而很大程度上，国外"轻松的教育环境""先进的知识理论""更强的学位优势""流利标准的英语"都被建构出来了，充斥在人们的心中。

然而，国外留学并不是人们所想的那样能解决所有的问题，并且还能镀金，载誉回国的。与父母的别离，陌生的环境，语言的障碍，文化生活的隔阂，是需要一个漫长的过程去适应的。送孩子去国外学习，应该关注的是孩子适应的过程，而并非结果。

这整套过程到底适不适合这个孩子？中国教育体制下的孩子能否完全适应国外的教育环境？出了国，立马让孩子独立自主地生活和学习，孩子能否照顾好自己？在"没人管"的环境下，孩子是否能自己管理好自己的日常生活？孩子能否积极主动地融入到国外的学习中去？是否真的了解国外的教育体制？对于在国外面临的潜在风险，孩子是否有能力承担？未来学成后，是否考虑让孩子回国？如果留在国外，孩子有能力自食其力吗？

出国后的问题，才是真的需要慎重考虑的。毕竟这个年纪的孩子，第一次离开家乡，来到大洋彼岸的异国他乡，最需要面对的是适应的问题。

过去我遇到过很多来加拿大读高中的孩子。有的孩子适应很快，能积极主动地选择自己所感兴趣的内容去学习，但有的孩子，即使来到了加拿大，仍过着跟在国内一样的生活：宅在家里打电动，饿了出去买个饭，偶尔出趟门交个电费什么的。总之跟在国内没啥区别。然而，学校也是有事没事就去上一下课，也不知道到底学到什么。过了一年，英文程度还是刚下飞机的那个水平。

每个孩子的情况不同。有的父母把孩子送出国，抱着很美好的初衷和幻想，结果换来的可能是竹篮打水一场空，甚至投了很多钱进去。

与孩子的别离，并不是为了更好的相聚，而是为了考验父母与孩子各自的承受能力。

国内到国外，也并不只是隔着一段航程。

飞机落了地，新的生活，新的环境，新的学习，你真的准备好了吗？

那么，开学送孩子出国，父母和孩子要如何准备？

了解国外的教育体制

首先，父母和孩子要充分了解好国外学校的教育体制。入学的时候，学校一般会召开新学期的 orientation（迎新大会），同时发给大家一些相关的手册。这些东西都要仔细地听一听，读一读，看一看。

很多时候，整个学期的设置，学校都会在一开始就跟大家介绍好了。比如如何选课，如何参加活动，什么时候需要报名做什么等。在学校的学生手册上，会有一个一整年的时间表和 deadline（截止日）。记得有空一定要看一看，因为关键时刻，不会有老师站出来提醒你。一旦错过考试或一些重要日期，自己必须要承担相应的后果。

认识老师

在这里，老师扮演的角色和国内很不同。

国内的班主任一般会管理各种事务，包括学生成绩退步了会打个电话给家长，各种考试、活动之前都会通知学生等。但这里的老师，一般只负责教课或者处理学生之间的问题，但不负责督促学生学习，以及时刻提醒孩子有哪些事情到期。

因此，积极主动地去了解老师会扮演什么样的角色，有助于让孩子知道该什么时候找老师帮忙。比如在学业上遇到一些疑问，以及跟班上同学的关系，或者甚至是融入方面的生活，都可以向老师提出。但是，很大程度上，国外的老师真的帮不上什么大忙。只能靠自己去了解，去提问。

小声提醒一句，在与老师的沟通中，要让孩子学会写 e-mail。e-mail 是一件非常好用的沟通工具。在国外，师生之间可以通过 e-mail 进行有效交流。写好 e-mail 也是学生必备的技能。

认识同学

有很多家长认为，既然孩子到了国外，就要多交外国人同学，最好身边全都是老外朋友，方便学英文，更快速地融入。

其实，这只是一个美好的愿望。在实际生活中，这边很多孩子交朋友，都是从交中国朋友做起的。

很多同样来自国内的孩子也常常会遇到同样的语言或者文化的问题，因此，与同僚之间的照顾与交流，会对国外留学产生重大的影响。很多时候，友谊是来自共同解决问题互相照顾而产生的"革命情感"。

因此这方面，家长不需要过度担心，可以让孩子尽可能地找到自己的好伙伴，一起共同面对未知的挑战。

不要比较

到了国外之后，不要与别人进行比较。

学校里所有的成绩单都是保密的。每次考试的成绩，只有学生本人知道。班级里也没有所谓的排名。所有的成绩，都是学生在跟自己比较。

无论是家长还是孩子，不再需要去找人比较。关键就是做好自己，努力做到最好。Try your best！（尽你所能）

开放思想

加拿大会有一些思想与国内原来学习到的完全不一样，甚至是相反的。

对于一些我们不认可的知识、言论或者想法，我们应该保持两种态度：开放思想，尊重别人。

保持开放的思想（open-minded）是融入国外学习和生活的制胜法宝。狭隘的思想是无法吸收更多知识的，甚至有时候会伤到自己。

同时尊重别人（respect）也是必须学会的技能。别人可以有不同的意见，不必生气，也不必指责别人。大家享有平等的权利。做好自己，这样以后也会得到别人的尊重。

总之，开学是一个幸福又特别的时刻。既有对于新学期的向往，又有对于未知挑战的担忧。请相信我们自己，也相信我们的孩子。

离别的背后，是心酸和不舍。不要说送大孩子出国，就连我家小孩子送去幼儿园，都有一番挣扎。学会放手，让孩子自己去闯一闯，从新学期做起。期盼看到一个不一样的你。

对不起，我实在不喜欢这个功利的世界

——谈教育文化

‖

　　有一位小学一年级的家长，每天上班帮女儿做各种手工以及老师布置的作业。原因是，班上其他家长帮助孩子做的手工和绘画作品被表扬了，而女儿自己的画作却被要求带回去重做。之后，这位母亲就变成每天帮女儿做手工和绘画了。

　　另外有一位杭州家长的烦恼。因为孩子班上很多同学都"超前"学习，不仅会各种三位数的计算方法，还会英文，能够读全是字的四大名著。很多同学还因此获得老师的表扬。但自己的孩子还属于刚从幼儿园过渡到小学的"零起点"孩子。一进小学的程度差异，自然就让这位母亲开始担心孩子在学校的表现和学习情况。

　　这两个故事都有一个共同点。那就是，学校都只要一个结果，而并非过程。不管过程的教育，即意味着，只重视目前所要求的结果，而不去管是不是家长代做的手工，是不是这孩子还有别的艺术体育专长。只要你画得好，会数学、英文等各种"技能"，你就能获得老师的表扬，同学的赞许。

单一追求"标准化"的结果，会让孩子在此学习过程中积累的情感体验和人生感悟不被认可。未来，孩子会认为那些情感关怀和点滴的感悟与实际的成绩比起来，是没有价值的东西。

"以貌取人"的教育

前不久遇到儿子幼儿园新来的老师。这位老师看起来年纪很轻，样子也很普通，像一位刚高中毕业的学生。

在我们还搞不清楚状况的时候，这位老师马上将她的简历和教学理念都向我们介绍了一番。原来她是位年纪比较大的资深教师，并且也是经验和阅历都非常丰富的高才生！

回去之后仔细一想，其实我们也并不会以貌取人，但可能她经历过太多人都觉得凭她的长相绝对搞不定小孩子，也无法搞定家长。因此她选择了"先下手"的策略，第一次见面就告诉我们她的背景身份。

这样"以貌取人"的案例实在太多了。

尤其在面试场合，常常光凭长相就录取某人。不要说国内，国外也是如此。

上次有人做了个实验，叫同一个妹子打扮成两种不同长相的人去面试。第一次，简历一样，但比较丑的样子的她没有被录取，而比较漂亮的她被录取了。第二次，比较丑的她简历要比比较漂亮的她好上好几个档次，结果最终也落选了，反而简历毫无特色但比较漂亮的她被选中。

这样的实验，实际上在日常生活中每天都在上演。无论在国内还是国外，"靠脸吃饭"已经成了一种不争的事实。在学校，老师可能会青睐那些长得活泼可爱的学生。一些家长也正因为这样才喜欢把孩子打扮得帅气可爱以博得老师的喜爱。但是在家长打扮孩子的同时，也在潜移默化中告诉孩子可以"靠脸吃饭"，在这种情况下，孩子觉得靠脸就好了不需要靠实力。这样的教育会让孩子不愿意靠努力去争取，成为一种恶性循环。

穷人与教育

大家都看不起穷人。

有一次看到一篇文章，讲的是为什么穷人一直穷下去。总之里面讲的大意是穷人又笨又懒，穷是因为活该。

这让我想到，我有个同学的博士研究做的是无家可归人士的生活。

说到无家可归人士，很多人可能觉得是他们太懒了，出去找一份零工也不难啊。

可是经过与这些无家可归人士的交谈和实地调查，她发现，其实在多伦多这些无家可归的人士可忙了，这相当于一份职业啊。因为各处的收容所一个礼拜都只能给你逗留一晚上，到第二天要换下一家。然后该收容所会给你发一个地铁一日券。于是，这些无家可归的人士就开始了他们的"旅行"。早上起来先吃收容所提供的免费早餐，领来了地铁票就开始坐车到一个固定的地点免费洗澡，然后洗完澡后再搭车去一个地方领免费午餐，领完后再搭地铁去新的收容所报到。报完到后再搭车去一个地方领免费晚餐，再坐车去下一个收容所已经是傍晚。排得这么满完全没时间找工作啊。而且如果有一步没有做好，今天就要饿肚子或者又要露宿街头了。

还有人觉得穷人的孩子上不了大学，是因为他们又笨又懒。

其实穷人的孩子从小便没有相当的条件可以获得各种学习的渠道，然而还有家庭的压力需要担心，对于贫穷的复制造成了他们无法与一般的家庭出来的孩子享受平等的资源。不能用"笨"和"懒"来概括造成他们贫穷的原因。

让教育改变世界

很多人可能会说，这些都是事实，我们也无法改变，只能接受。甚至去配合他们，往好的方面去想。就像咪蒙说的，我喜欢这个功利的世界，因为他承认努力。

其实我不喜欢这个功利的世界，因为他用一套"普世"标准去要求所有人。每个人的出生背景、家庭文化水平、教育程度、生活经历都是不同的，当这些本身出身贫寒无法拥有太多资源的人需要按照这套"普世"的标准去努力工作学习和生活的时候，他们会发现，依然追赶不上从有钱有势的家庭里出来的孩子。这间接地复制了社会不平等。社会公正无法得到正确的实施。

　　我一直有一个小小的愿望，虽然不知道能否实现。教育的平等是社会的基础。我希望，能够推动社会的公平和正义。

　　我希望，未来能够让每一个小朋友动手做自己的功课，学校能平等地对待每一个小朋友的努力，表扬孩子不再需要送礼才能实现，以后找工作能靠简历说话，面试的时候老板也不再会以貌取人，大家不再看不起穷人，而是通过国家的力量给穷人提供足够的社会保障和福利。我希望人们不再功利，希望社会变得更人性化。